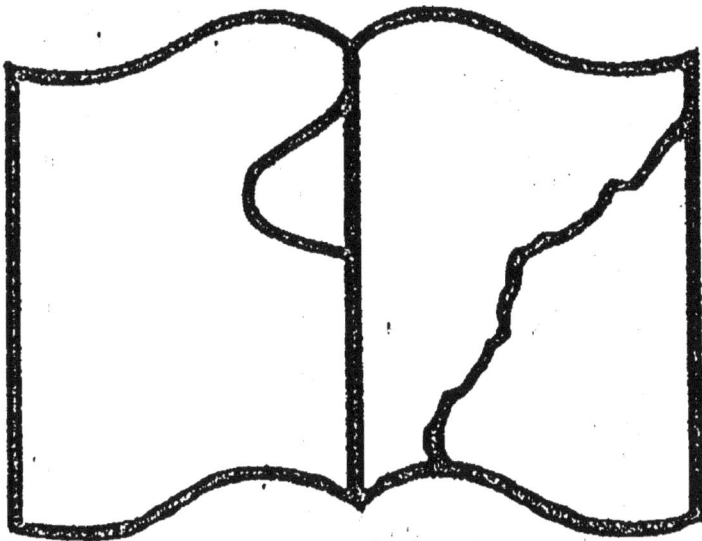

COUVERTURES SUPERIEURE ET INFERIEURE
DETERIOREES

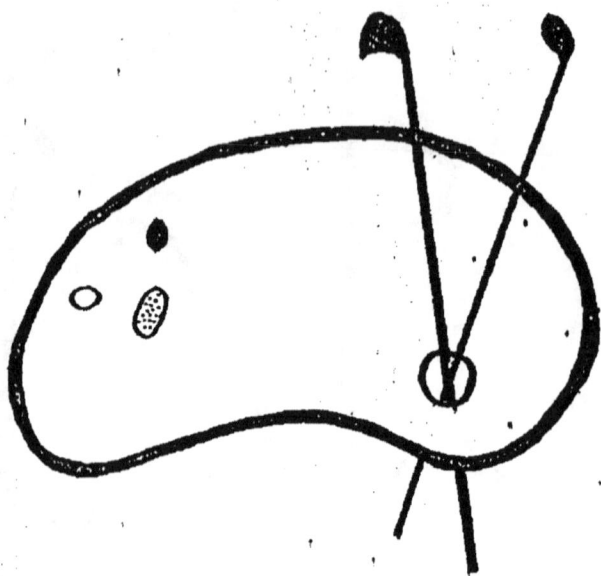

DEBUT D'UNE SERIE DE DOCUMENTS
EN COULEUR

SCIENCE ET RELIGION
Études pour le temps présent

MATÉRIALISTES

ET

MUSICIENS

PAR

Le R. P. Th. ORTOLAN, O. M. I.

Docteur en Théologie et en Droit canonique,
Lauréat de l'Institut catholique de Paris,
Membre de l'Académie de Saint Raymond de Pennafort.

PRO DEO ET PATRIA

PARIS
LIBRAIRIE BLOUD ET BARRAL
4, RUE MADAME, ET RUE DE RENNES, 59
1898

SCIENCE ET RELIGION

Études pour le temps présent

Collection de vol. in-1? de 64 pages compactes.

Prix : O fr. 60 le vol.

Les lecteurs curieux de grandes vérités de la foi déploraient l'abse
de vulgarisation de science religieuse, LES ÉTUDES POUR LE TE?
PRÉSENT répondent donc à un désir et comblent une lacune. Ainsi
ont jugé unanimement les Revues et les Journaux les plus important
la presse catholique. De ces nombreux et si flatteurs témoignages nou
citerons que le suivant, extrait du journal l'*Univers*, dû à la plume
juge des plus compétents, M. LOUIS ROBERT :

« Aujourd'hui, en notre siècle de vapeur, d'électricité, on veut sa
« tout et lire peu, toute la vie est pleine et fiévreuse ! C'est ce qui expl
« la vogue de la Revue et du Journal. Cependant ces deux organes d
« pensée moderne sont insuffisants pour embrasser une question dar
« complexité de ses aspects. Le livre est toujours nécessaire ; mais
« pensons, à part les moines et le clergé des campagnes, que le respect
« in-4° et le majestueux in-folio ont fait leur temps pour le grand pul
« Il fallait donc condenser en un volume de poche les questions qui t
« mentent l'âme contemporaine. C'est ce que certains éditeurs ont
« heureusement compris, notamment MM. Bloud et Barral, dont les
« tions ont déjà tant rendu de services signalés à la cause religieuse.
« Sous le titre de *Science et Religion*, collection de volumes in-1?
« 64 p. compactes, ils ont entrepris, avec un plein succès, de démon
« par des plumes des plus autorisées « *l'accord entre les résultats d*
« *science moderne et les affirmations de la foi.* » Chaque sujet est
« té, non plus d'après la méthode apologétique, qui actuellement est
« pecte aux incrédules, même aux indifférents. C'est avec la plus rigour
« méthode scientifique — mais mise à la portée de tous les esprits que
« peu cultivés — que sont exposées les *Nouvelles Études philosophiq*
« *scientifiques et religieuses* de cette opportune et très intéressante
« lection.

« Le nom de l'auteur de chacune d'elles est une recommandation.
(Journal *l'Univers*.)

Voici une seconde liste des ouvrages parus ou à paraître incessammé

— **L'Apologétique historique au XIX° siècle. — La Critique
ligieuse de Renan.** (*Les précurseurs — La vie de Jésus — Les a
saires — Les résultats*) par l'abbé Ch. DENIS, directeur des *Ann
de philosophie chrétienne.*
                                                                    1

— **Nature et Histoire de la liberté de conscience,** par M. l'a
CANET, docteur en philosophie et ès-lettres de l'Université de Louv
ancien professeur de théologie dogmatique au grand séminaire de L?
                                                                    1

— **L'Animal raisonnable et l'Animal tout court**, *étude de psychologie comparée*, par O. DE KIRWAN. 1 vol.

— **La Conception catholique de l'Enfer**, par M. BRÉMOND, docteur en théologie, professeur de dogme au grand séminaire de Digne. 1 vol.

— **L'Église russe**, par J.-L. GONDAL, professeur d'apologétique et l'histoire au grand séminaire Saint-Sulpice. 1 vol.

— **La Fausse Science contemporaine et les Mystères d'Outre-tombe**, par le R. P. Th. ORTOLAN, O. M. I. 1 vol.

— *Du même auteur* : **Vie et Matière ou Matérialisme et Spiritualisme en présence de la Cristallogénie**. 1 vol.

— *Du même auteur* : **Matérialistes et Musiciens**. 1 vol.

— **Le Mal**, sa nature, son origine, sa réparation. *Aperçu philosophique et religieux*, par l'abbé M. CONSTANT, docteur en théologie, lauréat de l'Institut catholique de Paris. 1 vol.

— **Dieu auteur de la vie**, par M. l'abbé THOMAS, vicaire général de Verdun. 1 vol.

— *Du même auteur* : **La Fin du monde d'après la foi et la science**. 1 vol.

— **L'Attitude du catholique devant la Science**, par O. FONSEGRIVE, directeur de la *Quinzaine*. 1 vol.

— *Du même auteur* : **Le Catholicisme et la Religion de l'Esprit**. 1 vol.

— **Du Doute à la Foi**, le besoin, les raisons, les moyens, les devoirs, la possibilité de croire, par le R. P. TOURNEBIZE, S. J. 1 vol.

— **La Synagogue moderne**, sa doctrine et son culte, par A. F. SAUDIN. 1 vol.

— **Évolution et Immutabilité de la doctrine religieuse dans l'Église**, par M. PRUNIER, supérieur du gr. séminaire de Séez. 1 vol.

— **La Religion spirite**, son dogme, sa morale et ses pratiques, par . BERTRAND. 1 vol.

— **L'Hypnotisme franc et l'Hypnotisme vrai**, par le docteur HÉLOT, auteur de *Névroses et Possessions diaboliques*. 1 vol.

— **Convenance scientifique de l'Incarnation**, par Pierre COURBET, ancien élève de l'École polytechnique. 1 vol.

— **L'Église et le Travail manuel**, par M. l'abbé SABATIÉ, du clergé de Paris, docteur en droit canon. 1 vol.

— **L'Inquisition**, son rôle religieux, politique et social, par O. ROMAIN, auteur de : *L'Église et la Liberté*. 1 vol.

— **Unité de l'espèce humaine** *prouvée par la Similarité des conceptions et des créations de l'homme*, par le marquis de NADAILLAC. 1 vol.

— **Le Socialisme contemporain et la Propriété**. — *Aperçu historique*, par M. Gabriel ARDANT auteur de la *Question agraire*. 1 vol.

— **Pourquoi le Roman immoral est-il à la mode et pourquoi le Roman moral n'est-il pas à la mode ?** *Étude sociale et littéraire*, par J. d'AZAMBUJA. 1 vol.

Ouvrages précédemment parus.

— **Certitudes scientifiques et Certitudes philosophiques**, par le R. P. DE LA BARRE S. J, professeur à l'Institut catholique de Paris. 1 vol.

— **L'Ame de l'homme**, par J. GUIBERT, supérieur du séminaire de l'Institut catholique de Paris,   1 vol.

— **Faut-il une religion ?** par M. l'abbé GUYOT, ancien professeur de théologie,   1 vol.

-- *Du même auteur :* **Pourquoi y a-t-il des hommes qui ne professent aucune religion ?**   1 vol.

— **Nécessité scientifique de l'existence de Dieu**, par P. COURBET, ancien élève de l'Ecole polytechnique. 2ᵉ édition,   1 vol.

-- *Du même auteur :* **Jésus-Christ est Dieu.** 2ᵉ édition.   1 vol.

— **Etudes sur la Pluralité des mondes habités et le dogme de l'Incarnation**, par le R. P. ORTOLAN, docteur en théologie et en droit canonique, lauréat de l'Institut catholique de Paris, membre de l'académie de Saint Raymond de Pennafort.   3 vol.

I. — *L'Epanouissement de la vie organique à travers les plaines de l'infini,*   1 vol.

II. — *Soleils et terres célestes,*   1 vol.

III. — *Les Humanités astrales et l'Incarnation,*   1 vol.

Chaque vol. se vend séparément.

— **L'Au-delà ou la vie future d'après la foi et la science**, par M. l'abbé J. LAXENAIRE, docteur en théologie, et en droit canon, et de l'académie de Saint Thomas d'Aquin, professeur au grand séminaire de Saint-Dié,   1 vol.

— **Le Mystère de l'Eucharistie.** — **Aperçu scientifique**, par M. l'abbé CONSTANT, docteur en théologie, lauréat de l'Institut catholique de Paris. 2ᵉ édition.   1 vol.

— **L'Eglise catholique et les Protestants**, par G. ROMAIN auteur de : *L'Eglise et la Liberté et Le Moyen Age fut-il une époque de ténèbres et de servitude ?*   1 vol.

— **Mahomet et son œuvre**, par I. L. GONDAL, professeur d'apologétique et d'histoire au séminaire Saint-Sulpice.   1 vol.

— **Christianisme et Bouddhisme**, *(Etudes orientales)* par M. l'abbé THOMAS, vicaire général de Verdun. 2ᵉ édition,   2 vol.

Première partie : *Le Bouddhisme.*

Deuxième partie : *Le Bouddhisme dans ses rapports avec le christianisme. — Ascétisme oriental et ascétisme chrétien.*

— **Où en est l'Hypnotisme**, son histoire, sa nature et ses dangers par A. JEANNIARD DU DOT, auteur du *Spiritisme dévoilé.* 2ᵉ édit. 1 vol.

— *Du même auteur :* **Où en est le Spiritisme**, sa nature et ses dangers. 2ᵉ édition,   1 vol.

Ouvrages en préparation :

— **Les Lois de la nature et le Miracle**, par le R. P. DE LA BARRE, S. J. professeur à l'Institut catholique de Paris,   1 vol.

— **Des Divergences dogmatiques et disciplinaires entre les Eglises orientales et l'Eglise catholique**, par le R. P. TOURNEBIZE, S. J.   1 vol.

-- **L'Homme et le Singe**, par M. le marquis de NADAILLAC.   1 vol.

— **Les Causes et la Suite de la Conversion de Saint Paul**, par M. LÉVESQUE, professeur d'Ecriture Sainte au séminaire St-Sulpice.

Cîteaux. — Imp. Guillermain.

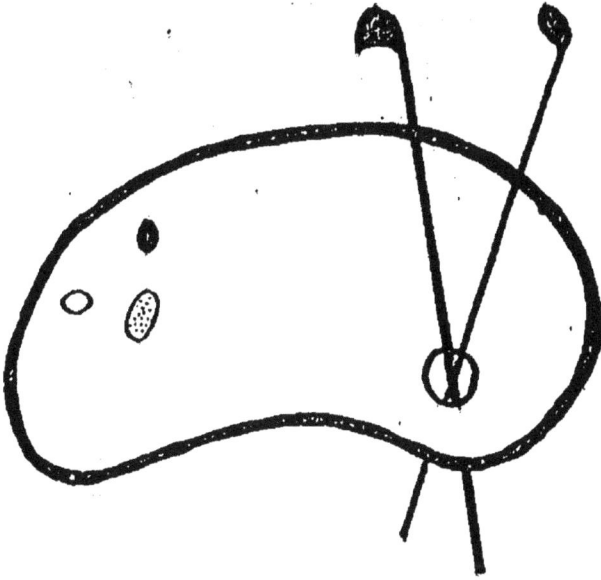

FIN D'UNE SERIE DE DOCUMENTS
EN COULEUR

SCIENCE ET RELIGION

Études pour le temps présent

MATÉRIALISTES

ET

MUSICIENS

PAR

Le R. P. Th. ORTOLAN, O. M. I.

Docteur en Théologie et en Droit canonique,
Lauréat de l'Institut catholique de Paris,
Membre de l'Académie de Saint Raymond de Pennafort.

PRO DEO ET PATRIA

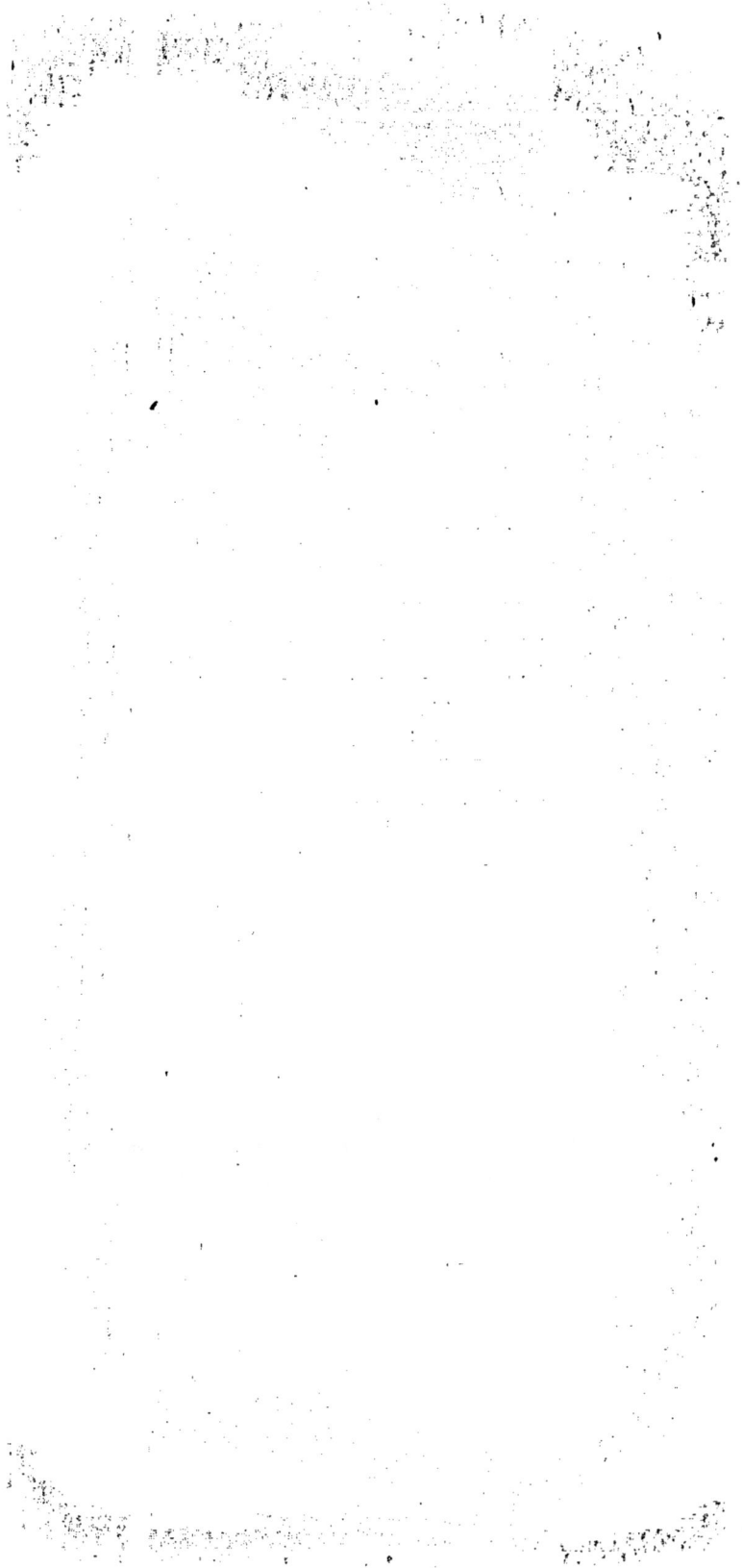

MATÉRIALISTES ET MUSICIENS.

AVANT-PROPOS.

Les matérialistes nient l'existence d'une cause première, intelligente et infinie, ayant créé les êtres, et les conservant encore par sa puissance et son action.

D'après eux, la matière serait nécessairement éternelle ; elle se suffirait à elle-même, évoluant et se transformant en vertu de ses propres lois.

L'Univers ne serait qu'une immense machine sans mécanicien.

Heureusement tout va pour le mieux ! Ses divers organes sont solidement conditionnés, merveilleusement unis, et la machine fonctionne régulièrement. Rien ne se détraque, et même (détail à remarquer,) loin de se détériorer par l'usage, elle se perfectionne de plus en plus.

Rien de semblable dans toutes les autres machines construites de main d'homme et conçues par le génie. Sans cesse, il faut les retoucher, les réparer, les remettre en bonne voie.

Mais la machine du monde fait exception. Cette exception, durant depuis l'origine des choses qui n'ont pas eu de commencement, persistera jusqu'à la fin qui n'arrivera jamais.

L'exception n'en est donc plus une, et, par un étrange renversement des rôles, elle se présente ici comme une loi constante que rien ne peut troubler.

Cela est dû, sans doute, à un concours fortuit de circonstances. C'est évidemment l'effet du hasard, disent-ils.

Oui, mais ce hasard paraît terriblement intelligent. Une sagesse infinie ne réussirait pas mieux.

En voulez-vous la preuve ?

Les hommes les mieux doués ne parviennent qu'à force de travail, de patience et de perspicacité à découvrir quelques-unes des innombrables merveilles semées à profusion dans le monde.

Les termes leur manquent pour exprimer combien leur semble habilement conçu le plan dont l'Univers se montre à leurs yeux comme la surprenante réalisation.

La contemplation de la Nature leur arrache à chaque instant des cris d'admiration ininterrompus.

Par ailleurs, les matérialistes comblent d'éloges ces mêmes savants, dans le secret espoir de recevoir le reflet de quelques rayons de leur gloire.

Ils accordent le tribut de leurs hommages à ces hommes supérieurs qui leur révèlent combien la Nature est belle ; mais ils le refusent à l'auteur de cette Nature si admirée !

Le hasard, en effet, n'est pas intelligent, quoique son œuvre confonde notre raison par sa magnificence, son immensité, l'harmonie de l'ensemble et la perfection des parties.

Celui qui arriverait à la comprendre telle qu'elle est (et personne n'a cette prétention, tant sa majesté nous écrase,) serait un homme d'un génie incomparable ; mais celui qui a fait cette œuvre — le hasard — est absolument inintelligent.

N'y a-t-il pas là une contradiction flagrante ?

Ou plutôt, les inintelligents ne sont-ils pas les matérialistes eux-mêmes ?

Peut-on, sans être irraisonnable, s'obstiner à ne pas reconnaître l'intelligence, là où elle ne cesse de se manifester et de s'affirmer avec tant d'éclat ?

S'ils aperçoivent un singe imiter bêtement un geste de son maître, ils concluent aussitôt : « Le singe est intelligent. »

Au contraire, s'ils constatent dans la Nature des signes non équivoques d'une intelligence souveraine, conservatrice des choses, et pleine de prévoyance ou de sollicitude pour chaque détail, même pour le plus imperceptible, ils agissent d'une tout autre façon.

Alors, ils concluent sans sourciller : « L'auteur de tout cela n'est pas intelligent; même il est plus bête que les bêtes. Les animaux, du moins, ont l'instinct, la sensation et la vie. Le hasard, lui, ne sent pas; il ne veut pas; il ne sait rien; il n'existe point, car qu'est-il, si ce n'est un mot vide de sens ? »

Ces hommes reculent d'épouvante devant la conception chrétienne de la création.

Un Dieu infiniment puissant et infiniment sage, tirant le monde du néant, et l'organisant d'après les décrets de son infinie sagesse !... « Horreur ! absurdité criante ! Invention des siècles d'ignorance ! dogme tyrannique des antiques superstitions, etc., etc. »

Mais la matière se créant elle-même; le plus sortant du moins, ou plutôt du néant; le rien se transformant en quelque chose et devenant le grand Tout !... « Ah ! voilà qui est acceptable et scientifique; voilà qui fait honneur à la pensée humaine ! »

C'est évidemment beaucoup plus raisonnable. Surtout c'est bien plus clair. D'ailleurs, cette doctrine ne porte-t-elle pas l'estampille de la philosophie allemande ? N'est-elle pas le produit de ces vigoureux esprits qui se nommaient Fichte, Hegel et consorts ?

C'est donc de la bonne facture, et on peut l'accepter de confiance, les yeux fermés.

Du reste, que gagnerait-on à les ouvrir? Y verrait-on plus distinctement?

On s'est donc engagé dans cette voie.

Seulement, depuis lors, le système s'est développé, toujours dans le même ordre, bien entendu.

A force d'ergoter, de subtiliser, de nier et de contredire le bon sens, il en est arrivé à n'être plus raisonnable.

Selon ses adeptes, on n'a droit au titre de savant qu'à la condition expresse de se perdre dans d'extravagantes divagations, et de se lancer, tête baissée, dans l'abîme creusé par la négation à outrance.

On se meut à l'aise, quand on s'est précipité dans le vide; on ne soupçonne plus les obstacles, quand on s'avance dans les ténèbres et que l'on fuit l'évidence, comme l'oiseau nocturne se dérobe à la lumière du jour.

Raisonner comme les autres; penser comme les autres; juger comme les autres, allons donc!... Quelle ineptie! quelle naïveté!...

Et où serait le mérite? où serait l'avantage? Il vaudrait bien la peine de pâlir sur les livres, de passer les nuits sans sommeil et de se torturer l'esprit!

Pour eux, la Science ne consiste pas à fortifier la raison et à l'enrichir; mais à la mater et à la détruire. Ils ne songent guère à simplifier les problèmes déjà suffisamment difficiles; mais ils les compliquent de plus en plus, et le plus possible.

Cette école a un lien de parenté très visible avec une certaine catégorie d'avocats, dont tous les soins ont pour but de prolonger les procès.

Tant qu'ils n'ont pas ouvert la bouche, on voit

encore quelque chose dans le litige; mais, dès qu'ils ont prononcé leurs doctes plaidoiries, agrémentées d'une grêle de citations empruntées aux législations de tous les âges et aux arrêts de toutes les cours, les nuages s'amoncellent, le ciel se couvre et le soleil s'obscurcit.

Les plus habiles deviennent perplexes; les plus convaincus hésitent; les plus assurés se troublent; nul ne sait plus au juste ce qu'il faut penser de l'affaire.

Que de fois n'éprouve-t-on pas ce malaise, à la lecture d'une foule d'auteurs soi-disant érudits?

Où est le remède? Y en a-t-il un?

Inutile de le chercher bien loin; il est indiqué par l'excès même du mal.

Puisque cette fausse science est irraisonnable, il importe de la ramener à la raison, et, pour cela, au bon sens qui ne trompe personne.

Les partisans de ces billevesées à couleurs scientifiques ne méritent pas toujours d'être pris au sérieux.

Beaucoup d'entre eux sont, en outre, très peu scrupuleux pour le choix des moyens. Dans leur lutte contre la vérité, ils font flèche de tout bois.

Est-il, alors, défendu de s'amuser un peu en leur répondant sur le même ton, et en les payant de leur propre monnaie?

D'ailleurs, la preuve par l'absurde, quoique indirecte, n'est pas la moins concluante, et les arguments les plus simples causent quelquefois le plus d'impression.

CHAPITRE I.

LES ORIGINES.

I.

Violons et archets.

Considérons attentivement un instrument de musique, quel qu'il soit, petit ou grand, parfait ou médiocre. Constatons l'admirable agencement des parties, l'harmonie savante de l'ensemble, la raison d'être de chaque détail.

Après un examen de ce genre, même sommaire, quelqu'un aura-t-il l'étrange idée d'affirmer que cette curieuse machine s'est fabriquée toute seule, et que, vu les merveilles de son mécanisme, elle est capable, par elle-même, d'émettre les sons les plus variés ?

Prenons un violon, par exemple.

Nous y voyons, d'abord, une sorte de caisse aux contours bizarres, en bois de sapin, sec et mince. Le couvercle a été appelé *table d'harmonie;* la plaque inférieure est le *dos*, les côtés latéraux sont les *éclisses*.

Au-dessus, nous remarquons un morceau de bois peu épais, légèrement arrondi et taillé assez étrangement. C'est le *chevalet* destiné à supporter les cordes. Celles-ci, fixées aux extrémités de l'appareil, à la *queue* et au *manche*, sont tendues plus ou moins, grâce à des chevilles placées là évidemment tout exprès.

A l'intérieur de la caisse, nous apercevons un autre morceau de bois cylindrique, décoré d'un nom un peu prétentieux : c'est l'*âme*. Caché dans la caisse, comme l'âme dans le corps, il prétend avoir un rôle analogue : celui de donner la vie à l'instrument.

Situé au-dessous du chevalet, il empêche la table d'harmonie de céder sous la pression des cordes. En outre, il communique à toutes les parois de l'intéressante machine le mouvement, principe de vie, *vita in motu*.

Cet axiome est vrai en Philosophie, comme en Acoustique.

Quant aux cordes, elles sont plus ou moins nombreuses et de diverses qualités, selon les cas.

Dans la famille du violon, en effet, se rangent plusieurs individus : l'alto, la viole, le violoncelle, la contrebasse, etc. Ils se ressemblent tous par la forme, mais varient dans leurs dimensions.

Pour achever la description, il nous faut dire un mot de l'*archet*.

Dans l'ancienne stratégie, l'archer était un soldat armé de l'arc et du carquois. En Musique, l'archet n'est pas un guerrier : c'est un petit arc, sorte de baguette en bois flexible, à laquelle sont attachés des crins. Par leur frottement ils servent à faire vibrer les cordes sonores.

A cette fin, on les enduit de colophane, et on les tend à volonté, plus ou moins, à l'aide d'une vis placée au *talon* de l'archet, c'est-à-dire à son extrémité inférieure.

Un homme visant au bel esprit et en quête de jeux de mots ou de calembours risqués, peut-être même un transformiste intransigeant, ne manquerait pas de comparer ce talon de l'archet musical au tendon d'Achille des anciens archers. Mais ce serait là de l'esprit dépensé d'une façon ridicule et fort inutilement.

Par ailleurs, un observateur intelligent souffrirait-il qu'un mauvais plaisant lui posât la question suivante :

« Croyez-vous qu'un tel instrument se soit fait
de lui-même ?

— Non, certes ! dirait-il, en le supposant d'assez
bonne humeur pour daigner répondre à une question aussi saugrenue.... Les parties sont trop bien
agencées entre elles ; elles témoignent trop d'une
intention formelle et d'un plan conçu à l'avance. Il
y a eu là une *idée directrice ;* des opérations se sont
enchaînées dans le but manifeste d'atteindre une fin
prévue et désirée.

— Croyez-vous, du moins, que cet instrument, si
bien conditionné et si parfait maintenant, se suffise
à lui-même, et soit capable de jouer sans le secours
d'autrui ?

— Encore moins, évidemment ! Si vous me parliez
des harpes d'Éolie, suspendues aux branches des
arbres, ou dans les embrasures des fenêtres, et mur-
murant mélancoliquement sous l'haleine embaumée
des zéphyrs, je n'hésiterais pas à le concéder sans
peine. Mais pour le violon et les autres membres de
sa famille : violes, violoncelles ou contrebasses, c'est
bien différent.

L'archet viendra-t-il donc de lui-même glisser sur
les cordes, les frapper, ou les frotter, pour les mettre
en vibration et les faire chanter ?

En outre, pour produire les sons multiples de plusieurs gammes, ces cordes doivent être successivement raccourcies ou allongées. Dans ce but, les
doigts du musicien doivent se promener sur elles,
et, en se rapprochant ou en s'éloignant tour à tour
du chevalet, diminuer ou augmenter, suivant des
règles fixes, la longueur de la portion vibrante, afin
d'élever ou d'abaisser le ton.

Le violon suppose donc un facteur, et appelle un
artiste.

C'est incontestable ; tout homme raisonnable sera de cet avis. »

II.

Flûtes.

Si, pressé par ce raisonnement d'une clarté lumineuse, notre étrange Inquisiteur ne voulait pas cependant s'avouer vaincu, après ce premier engagement il se porterait sur un autre terrain, afin de continuer son enquête.

Pour invraisemblable que la chose paraisse, elle n'est pas impossible : l'incrédulité est parfois tenace ; la bêtise, aussi.

« Oui ! j'en conviens, reprendrait-il. Mais ne serait-ce point parce que le violon est composé de deux organes bien distincts : la caisse, ou corps de l'instrument, et l'archet ?

Ces deux parties, étant par nature séparées, ne semblent pas pouvoir se rapprocher d'elles-mêmes.

Cette difficulté n'existerait pas pour un instrument formant un seul tout.

Voyez, par exemple, la flûte et ses congénères.

C'est un simple cylindre en bois : érable, buis, ébène ; ou quelquefois même en métal : tôle, cuivre et argent.

Un canal ou conduit, nommé *perce*, le traverse d'un bout à l'autre, depuis le sommet, ou *tête*, qu'un bouchon de liège ferme exactement, jusqu'à l'extrémité opposée, ou *pied*.

Sur les parois, des trous sont disposés en ligne droite dans le sens de l'axe, au nombre de huit, dix, ou douze.

Comme les violons, les flûtes sont susceptibles d'acquérir des tailles diverses : on connaît la grande flûte en *ut*, la flûte tierce en *mi* bémol, la petite flûte, ou octavin, etc., etc.

Un tel instrument, ne se serait-il pas fait lui-même ? Il est si simple dans sa structure : il n'est guère plus complexe que le protoplasma ou le bathybius.

— Si simple !... Beaucoup moins que vous ne le pensez.

D'abord, près de sa tête, je remarque un trou ovale, pratiqué latéralement, et de moitié plus grand que les autres. C'est probablement l'embouchure : ses dimensions sont calculées de façon à permettre à des lèvres humaines de se poser commodément sur l'un de ses bords, pour faire vibrer l'air en l'introduisant dans l'intérieur du tuyau, afin de produire le son.

Les autres trous, régulièrement espacés, sont là pour être ouverts ou fermés. Leur diamètre et leur largeur sont en rapport avec l'épaisseur des doigts qui doivent se placer au-dessus d'eux, comme sur l'embouchure se placent les lèvres.

En outre, beaucoup de flûtes possèdent encore des clefs à tampons, actionnées par tout un système de leviers, de ressorts, etc.

La flûte donc, comme le violon, suppose un facteur et réclame un artiste. Elle l'appelle de tous ses vœux. Sans lui, elle restera éternellement un corps sans âme ; sans lui, elle sera toujours muette, quoique elle soit évidemment mise au monde pour chanter.

On peut et l'on doit en dire autant de tous les instruments parents, plus ou moins rapprochés, de la flûte : fifre, sifflet, flageolet, galoubet, hautbois, cor anglais, clarinette et basson..., »

III.

Cornes et Cors.

Reculant d'un pas encore, sans toutefois s'avouer battu, notre incrédule, esprit fort, hasarde une nouvelle objection :

« Cette conclusion s'impose pour la flûte, dit-il. Mais peut-être pour le cor en sera-t-il autrement. Il est, en effet, incomparablement plus simple.

Auparavant il avait la forme d'une corne : de là lui est venu son nom ; il n'était pas en métal, ni en bois, mais en véritable corne d'animal.

Les cornes ne poussent-elles pas toutes seules sur le front des ruminants : bœufs, moutons, chèvres, voire même sur le nez des rhinocéros, et sous les yeux des éléphants ou des mammouths ?

Le cor, il est vrai, n'est pas toujours resté corne. Peu à peu, il s'est développé : d'arc de cercle, plus ou moins étendu, il s'est transformé en cercle complet; puis, s'enroulant plusieurs fois sur lui-même, il s'est changé en spirale, comme les cornes de certains béliers.

Ainsi est né le cor de chasse, tube en cuivre de forme conique, tournant trois fois sur lui-même.

Rien de plus rudimentaire que cet instrument primitif : ni mécanismes, ni clefs, ni ressorts, ni leviers, ni rien qui sente, de près ou de loin, l'industrie humaine....

— Pardon ! cette simplicité est plus apparente que réelle. Il y a là encore bien des détails à considérer, quoique, tout d'abord, on n'y prenne pas garde.

Les deux extrémités ne se ressemblent pas. L'une est très évasée : c'est le *pavillon*. Sa large surface permet aux ondes sonores de se répandre dans l'espace régulièrement. Cette particularité n'est certainement pas l'effet du hasard.

L'autre bout, au contraire, présente une espèce de petit godet en ivoire, en argent, ou même en or. Ce godet est percé d'un petit trou. C'est évidemment une embouchure, et elle ne s'y trouve pas sans motif.

Dans le cor, comme dans la flûte, la clarinette et le flageolet, l'embouchure appelle les lèvres de l'artiste : on ne saurait lui supposer aucune autre raison d'être...

— Oui, peut-être !.., mais si, par aventure, l'embouchure n'existait pas, l'artiste ne serait pas nécessaire, et l'instrument se passerait de lui....

— Vous renversez étrangement les rôles, dans votre préoccupation d'écarter de la Nature les causes finales !...

Privé de son embouchure, le cor serait dans un dénuement plus complet. Il aurait besoin, non seulement de l'artiste, pour le mettre en action, mais aussi du facteur pour lui redonner le membre perdu et manifestement indispensable.

Sans cela, on ne l'entendrait jamais plus réveiller les échos de la forêt, effrayant les daims ou les cerfs; excitant les meutes de chiens lancées à la poursuite du gros gibier; encourageant les veneurs, les piqueurs et les cavaliers; faisant naître les sentiments les plus opposés, en même temps : la peur et la joie, la crainte ou l'espoir.

La nécessité d'un facteur et d'un artiste paraîtrait encore plus évidente, si nous parlions, non seulement de l'humble cor de chasse, mais du cornet à pistons, qui en dérive.

Le cor ne produit pas toutes les notes de la

gamme, mais quelques-unes seulement : la tonique, la quinte, l'octave, la double tierce, etc.

Pour augmenter ses ressources, et lui permettre de faire entendre également les notes intermédiaires, on l'a muni de divers appendices et de pistons. Ceux-ci sont des espèces de pompes à coulisse, ouvrant ou fermant, au gré du musicien, la communication entre le canal intérieur de l'instrument et des tubes auxiliaires de différents diamètres et de différentes longueurs.

La colonne d'air parcourt ainsi, selon les cas, des tuyaux plus ou moins étendus. Le même instrument devient virtuellement multiple. Il possède, dès lors, tous les degrés de l'échelle musicale de plusieurs gammes surperposées, depuis les sons graves jusqu'aux sons aigus.

Pour se rendre compte de ce phénomène, il suffit d'avoir quelques notions, même élémentaires, sur les lois bien connues de l'Acoustique, relativement aux vibrations de l'air dans les tuyaux sonores.

Ces perfectionnements sont très précieux et fort utiles : mais ils sont également une preuve incontestable de l'existence d'un facteur, dont l'intelligence a su tirer parti des lois de la Physique.

De plus, ils réclament impérieusement la présence et l'action d'un habile artiste.

Les pistons, en effet, ne se meuvent pas d'eux-mêmes. En outre, il ne leur suffit pas de le faire d'une façon quelconque. Leur mouvement doit être conforme à des règles qui ne sont pas arbitraires, car elles dépendent de l'essence même des phénomènes naturels.

IV.

Piano.

Est-il besoin de continuer ce raisonnement dont l'évidence éclate à tous les yeux ?

Plus un instrument est parfait, plus il se montre à nous comme l'œuvre d'une intelligence.

Si on prend la peine de l'examiner en détail, on est stupéfait en constatant tout ce qu'il a fallu de patience, de méditations persévérantes, de profonds calculs, souvent même d'efforts de génie, pour l'amener à l'état de perfection sous lequel il se présente à nous.

Considérez, par exemple, un piano ou un grand orgue.

Il ne s'agit pas ici assurément de l'enveloppe extérieure : boîte, console, ou buffet, c'est-à-dire de la partie apparente de l'instrument.

Par l'élégance de ses formes ; par la richesse des bois employés ; par ses placages d'acajou, de palissandre, d'ébène, d'ivoire, ou d'or ; par ses sculptures ou ses moulures, ce meuble constitue quelquefois le plus bel ornement d'un salon coquet, ou d'une immense basilique.

L'orgue surtout atteint parfois, à lui seul, les proportions d'un superbe édifice.

Sa façade comprend plusieurs étages divisés en sections dans lesquelles sont rangés avec goût des faisceaux de tuyaux, dits *de montre*. Plusieurs de ceux-ci sont muets, et ne se trouvent là que pour le plaisir des yeux, tandis qu'une foule d'autres, cachés dans les vastes profondeurs de l'instrument, sont destinés à se faire entendre.

Parfois aussi, une partie de ce buffet est suspendue sur des encorbellements qui s'avancent au delà de la tribune, et produisent, par la grâce de leurs courbes et le grandiose de leur ensemble, un merveilleux effet architectural.

Mais, laissons de côté cette partie décorative ; contentons-nous d'examiner les instruments eux-mêmes.

Dans le piano, comme dans le violon, mais de beaucoup plus grande, se trouve une table d'harmonie, destinée à renforcer les sons.

C'est encore une simple plaque de bois de sapin, très mince, n'ayant pas plus de trois millimètres d'épaisseur. Elle est située parallèlement aux cordes, afin de pouvoir facilement vibrer avec elles.

Tout près de cet organe délicat et sensible, sont dressés des montants en bois très forts, réunis par des traverses et maintenus par des barres de fer, afin de leur assurer une résistance à toute épreuve.

Ces précautions ne sont pas inutiles, ni exagérées, car sur ces pièces de bois sont tendues les cordes vibrantes. Leur puissance de traction, toujours considérable, est dans certains pianos évaluée à près de dix mille kilogrammes.

Ces cordes méritent d'être l'objet d'une attention spéciale. Leur diamètre et leur longueur varient, selon le degré de l'échelle musicale auquel correspond le son à émettre.

Dans les anciens pianos, il n'y avait qu'une corde pour chaque note ; plus tard, il y en eut deux pour les tons les plus graves, et trois pour les autres, afin d'en augmenter l'intensité.

Ainsi un piano de sept octaves compte environ 240 cordes.

D'un côté, chacune d'elles est fixée à un point immobile ; mais, de l'autre, elle s'attache à une cheville cylindrique, entrant à frottement dur dans une solide pièce de bois appelé *sommier*.

Ces chevilles ont une tête de forme quadrangulaire. On peut, dès lors, au moyen d'une clef forée en carré, les tourner dans un sens ou dans un autre, pour augmenter ou diminuer la tension.

Comme les cordes du violon, celles du piano ne sont pas libres dans toute leur longueur : elles s'appuient chacune sur deux chevalets, convenablement espacés et reposant eux-mêmes sur la table d'harmonie.

Sont-elles attaquées par les marteaux, actionnés par les touches du clavier, elles ne s'ébranlent pas sans réagir, en même temps, sur les chevalets et, avec eux, sur la table d'harmonie elle-même.

Le mouvement oscillatoire se communique ainsi, de proche en proche, à la colonne d'air en contact avec la large surface de la table d'harmonie, et toutes les parties de l'instrument se mettent simultanément à résonner.

Il est aisé de comprendre combien une telle disposition développe la puissance et la sonorité de l'instrument.

Pour éviter la confusion dans les sons produits, il fallait empêcher les cordes de continuer à vibrer, quand le doigt de l'artiste s'est retiré de la touche. Dans ce but, on les a munies d'*étouffoirs*. Ce sont de petits morceaux de drap ou de feutre. Au moment voulu, ils retombent sur les cordes et arrêtent les vibrations.

Les notes en deviennent plus distinctes et plus agréables. Sans cela, il en serait d'un piano à peu près comme d'un carillon, dans lequel les cloches se font entendre simultanément, quoiqu'elles donnent des notes dissonantes entre elles. L'effet produit n'est pas toujours des plus harmonieux.

Outre cet ensemble, déjà passablement compliqué, formé par le système des étouffoirs, des marteaux, des cordes, des chevalets, du clavier, des ressorts et des leviers nécessaires, etc., un piano bien constitué comprend encore plusieurs autres mécanismes accessoires, dont le but est de modifier à volonté l'intensité et le caractère des sons.

Ces mécanismes sont mis en jeu par les pieds, au moyen de pédales. Il y en a généralement deux dans les pianos actuels.

L'une, située à droite, s'appelle la *pédale forte*. Elle a pour but de laisser les cordes osciller librement, jusqu'à ce que les vibrations s'éteignent d'elles-mêmes. A cette fin, elle tient les étouffoirs suspendus et les empêche de retomber.

Parfois, il pourrait en résulter un désaccord; mais, d'autres fois, l'effet produit est merveilleux. Les sons se superposent les uns aux autres et acquièrent une puissance extraordinaire. Ils révèlent alors dans l'instrument, surtout au point de vue des contrastes, des ressources qu'on ne lui aurait pas supposées.

L'autre pédale, placée à gauche, s'appelle la *pédale douce*. Son but est de diminuer l'intensité des sons.

Abaissée par le pied, elle fait glisser légèrement de gauche à droite, tout l'appareil intérieur; les marteaux ne peuvent plus alors frapper qu'une ou deux cordes; le son est, par suite, affaibli d'autant.

A ces deux pédales certains facteurs en ajoutent d'autres, destinées à accoupler les notes avec leurs octaves inférieures ou supérieures : aussi les appelle-t-on *pédales octaviantes*.

Inutile de nous arrêter davantage à cette description. Les détails indiqués précédemment suffisent pour montrer clairement que le piano est un instrument d'une structure fort savante.

Ils sont également une preuve incontestable, non seulement de l'existence du facteur qui l'a construit, mais aussi de son intelligence et de son habileté.

V.

Grand orgue.

Le grand orgue est encore plus étonnant.

Les pédales n'y sont pas seulement au nombre de deux ou trois; mais elles y constituent tout un clavier spécial.

Puis, il ne se contente pas de quelques centaines de cordes, comme le piano; mais il possède par milliers des tuyaux de toutes formes et de toutes dimensions, depuis les tubes minuscules des fifres et des petites flûtes, jusqu'aux gigantesques masses des gros bourdons de 32 pieds.

Parmi ces tuyaux, les uns sont fermés et les autres ouverts; les uns sont à bouche et les autres à anche battante ou libre. Tantôt, ils sont cylindriques, ou coniques; tantôt fusiformes, ou évasés.

Leur matière aussi n'est pas identique : on les fabrique en bois et en métal.

Ordonnés en séries différentes entre elles par leur tonalité, leur force et surtout leur timbre, ils sont rangés en catégories distinctes ou *jeux*, ayant chacun deux, trois, ou quatre octaves.

Ces jeux variés ont reçu toutes sortes de noms, même les plus bizarres, comme le nazard, et le gros nazard, la grosse tierce, la fourniture, ou jeux de mutation, etc.

Dans les *jeux de fond*, avec les bourdons de 8, 16 et 32 pieds, on trouve les flûtes ouvertes de dimensions non moins colossales; puis, le prestant, la doublette, etc.

Parmi les jeux d'anche, sont représentés tous les instruments de l'orchestre : clairon, clarinette, hautbois, cor anglais, basson, trompette, bombarde. A tous ceux-ci on a joint l'euphone, le cromorne, etc.

Les plus curieux dans leur constitution respective sont les jeux de mutation.

Chacune de leurs notes est produite, non point par un seul tuyau, mais par quatre, cinq, ou quelquefois sept, accordés diversement, et néanmoins parlant à la fois. L'un donne le son correspondant à la touche du clavier ; mais les autres font entendre simultanément la quinte, l'octave, la double quinte, la triple tierce, etc.

Unis de la sorte, ces sons multiples semblent n'en former qu'un seul. De leur fusion résulte un timbre varié, suivant le nombre de tuyaux et, par suite, de sons harmoniques perçus par l'oreille en même temps.

On le sait généralement, les tuyaux bouchés ont la même intonation que les tuyaux ouverts de longueur double. C'est un principe d'Acoustique bien connu. Néanmoins, ils ne sont pas inutiles.

Le son des tuyaux bouchés, étant, en effet, plus sourd que celui des tuyaux ouverts, s'en distingue par le timbre et le caractère. Les uns et les autres servent ainsi à augmenter, d'une façon très appréciable, les ressources multiples de l'orgue, ce roi des instruments.

La même remarque s'applique aux tuyaux à anche ou à bouche.

Les jeux d'anche ont le son plus éclatant, plus net, plus mordant et plus incisif, si l'on peut ainsi parler.

En outre (nouvelle subdivision à établir,) dans les jeux d'anche libre, le son plus pur et plus doux est susceptible d'acquérir une plus grande expression,

l'intensité augmentant ou diminuant, suivant la force
du courant d'air.

Par cette rapide description l'on comprend sans
peine que le grand orgue, à lui seul, soit un véritable monument.

Tout n'est pas dit, néanmoins, sur les éléments
dont il se compose. Il faudrait parler, en outre, de la
soufflerie, des sommiers, des registres, des leviers,
des réglettes, des porte-vent, des soupapes, des claviers, des pédaliers, de la boîte expressive, etc., etc.

Nous n'en finirions pas, et cela nous entraînerait
évidemment trop loin. Peut-être même nous sommes-
nous déjà trop longtemps arrêté.

Il est donc mille et mille fois démontré que tout
instrument suppose un facteur; et plus cet instrument est parfait, plus l'intelligence du facteur se
manifeste.

La même conclusion s'applique à l'artiste : n'importe qui peut se servir du simple fifre, comme
n'importe qui peut construire un pipeau champêtre.
Mais pour jouer convenablement du piano ou du
grand orgue, il faut une habileté peu commune.

Cela nous rappelle une anecdote bien connue; on
nous pardonnera de la citer : elle est, du reste, malgré sa simplicité, bien propre à mettre en plus claire
lumière la solution réclamée par la question posée
dès le principe.

Un homme du peuple, ouvrier robuste, aux larges
épaules et aux bras nerveux, mais dépourvu d'ins-
truction, se flattait, un jour, d'être un musicien de
valeur. Il excellait, disait-il, dans le maniement du
grand orgue.

Comme on ne voulait pas le croire, il amena ses
contradicteurs à la cathédrale, où, prétendait-il,
chaque dimanche, et chaque jour de fête, il charmait
et ravissait les auditeurs.

Il monte à la tribune et commence à faire mouvoir les soufflets de l'instrument.

Ne ménageant ni son travail, ni sa peine, l'ouvrier est bientôt en nage ; sa respiration est haletante ; la sueur ruisselle sur son front.

Pendant ce temps, l'air s'emmagasine dans les réservoirs qui gémissent sous la pression extraordinaire à laquelle ils sont soumis ; néanmoins les tuyaux restent muets.

Les assistants rient sous cape, et jettent de côté et d'autre des regards moqueurs.

Le souffleur s'en aperçoit, et sent le besoin de se disculper. Se tournant vers les témoins de cette scène, il leur dit avec un aplomb imperturbable : « Ne vous étonnez pas, et comprenez mieux les choses. L'instrument est tellement grand que deux hommes doivent unir leurs efforts, pour en tirer quelques sons.

« Pour moi, comme vous le voyez, je fais le principal et le plus pénible. Il suffirait maintenant que mon collègue arrivât.

« C'est mon associé ; mais, en somme, son rôle se réduit à peu de chose. Il se contente de travailler du bout des doigts, en effleurant successivement les touches blanches et noires : un enfant pourrait le remplacer. Quant à moi, au contraire, je travaille de toute l'énergie de mes mains et de mes pieds. On trouverait peu d'hommes, dans notre ville, capables d'en faire autant. »

Quand l'orgue remplissait de sa voix puissante les vastes nefs de l'immense basilique, et, tour à tour, soulevait dans l'auditoire les émotions les plus variées, grâce à l'habileté d'un organiste consommé dans son art, le souffleur, brave homme au demeurant, tout en sueur et respirant à peine, s'imaginait candidement avoir la part principale dans l'effet produit. Modestement il s'en attribuait *in petto* presque tout le mérite et l'honneur.

Cet exemple, dans sa forme un peu naïve, atteste ce que nous savions déjà : le plus magnifique instrument, sans une intelligence pour lui donner la vie, sera toujours un corps sans âme et un être sans voix.

Ce qu'il faut, pour l'animer, le faire chanter et vibrer à l'unisson des grandes foules, interprétant leurs passions les plus profondes : l'enthousiasme et la tristesse, la joie et l'affliction, l'espérance et l'abattement... ce qu'il faut, ce n'est pas la force musculaire d'un hercule ; c'est la délicatesse, la souplesse et la légèreté des doigts d'un artiste, dont la santé est quelquefois défaillante, dont l'énergie physique est presque nulle, mais dans les yeux duquel brille une flamme ardente : la flamme du génie et de l'inspiration.

Ce qu'il faut donc à l'orgue, pour parler et chanter, ce n'est pas précisément le corps de l'artiste, c'est son âme, c'est sa vie, c'est son souffle, c'est sa pensée !...

Un virtuose avec un instrument imparfait touchera toujours mille fois plus les auditeurs, qu'un élève médiocre ou un ignorant, avec l'instrument le plus magnifique.

Ainsi s'affirme, une fois de plus, la supériorité de l'esprit sur la matière.

L'appareil le plus complexe et le plus surprenant, loin de se suffire à lui-même, réclame impérieusement le concours d'une cause intelligente et étrangère.

Seule elle peut le faire agir, comme seule elle a pu le produire après l'avoir conçu.

CHAPITRE II.

LE PLUS MERVEILLEUX DES INSTRUMENTS.

I.

La Musique de la pensée.

Notre incrédule n'oserait certainement pas repousser les conclusions précédentes. La lumière l'inonderait même tellement de ses clartés éblouissantes, qu'il rougirait de ses doutes antérieurs.

Il voudrait ne les avoir jamais eus, et surtout ne les avoir jamais manifestés. Son désir serait d'en effacer jusqu'au souvenir compromettant pour sa réputation d'homme raisonnable.

Probablement il exécuterait une volte-face.

« Où prétendez-vous en venir, s'écrierait-il ? Pourquoi des considérations si étendues au sujet d'une vérité palpable, que personne ne songe à vous contester, tant son évidence éclate à tous les yeux ? Tantôt, je voulais rire. Au fond, j'étais de votre avis; et qui donc ne le serait pas, dans l'espèce ? Si j'avais supposé que vous prendriez la chose sur ce ton, je n'aurais pas insisté. Ces développements sont inutiles; puis, vous l'avouerai-je ? ces raisonnements sont d'une simplicité... enfantine !

— Ah ! vous trouvez !... Ces considérations vous paraissent simples et inutiles !... Eh bien ! cependant, sachez-le ; certains hommes les oublient au point d'affirmer que le plus beau, le plus parfait, le plus délicat, le plus sensible et le plus expressif des instruments de musique, s'est façonné lui-même, et se suffit à lui-même. N'ayant pas eu besoin de facteur pour exister, il n'aurait pas besoin d'artiste pour se faire entendre.

— Allons donc ! ça n'est pas possible, car c'est par

trop irraisonnable. Jamais, on n'a rien dit de semblable.

— Eh !... ne le diriez-vous pas, vous-même, peut-être ?

— Moi ?

— Oui, vous !

— Par exemple !... Pour qui me prenez-vous ? Me croiriez-vous un sot ?

— Oh ! loin de là ! Mais les tenants de ce curieux système se proclament savants, et se louent mutuellement comme tels. Même plusieurs s'imaginent accaparer la Science et en avoir le monopole. Ils traitent d'ignares ceux qui ne pensent pas comme eux, surtout en ce point.

— Vous m'étonnez. Pour moi, non seulement je n'ai jamais formulé une assertion de ce genre, mais je ne me rappelle pas l'avoir lue quelque part, ni dans les ouvrages des savants, ni dans un livre, ou écrit d'aucune sorte : journal, brochure ou revue. Et cependant que d'insanités n'imprime-t-on pas à notre époque ! Mais celle-là serait vraiment trop forte ; elle heurte trop la raison et le simple bon sens. Personne n'aurait le courage d'en assumer la responsabilité.

— Hélas ! plût à Dieu !... Je le répète néanmoins, il y a un instrument plus merveilleux que le piano, ou le grand orgue. Et c'est à cause de sa perfection même que certains hommes, foulant aux pieds les principes les plus élémentaires de la Logique, ont nié pour lui l'existence de l'auteur et la nécessité de l'artiste.

— Vous parlez sérieusement ?

— Oui, certes !

— En vous entendant, je ne l'aurais pas supposé, car ce que vous avancez est trop étrange. Je vous

crois cependant, puisque vous me l'assurez. Mais
dites-moi, je vous prie, quel est cet instrument si
merveilleux, et quels sont ces hommes ?

— Cet instrument.., c'est le cerveau.

— Le cerveau ! j'étais à cent lieues d'y penser. Et
ces hommes, quels sont-ils ?

— Les matérialistes.

— Je ne vous comprends pas.

— N'enseignent-ils pas que le cerveau s'est formé
de lui-même ?... D'après eux, ne produit-il pas à lui
seul la pensée, mieux encore que l'orgue ou le piano ne produisent le son ?

— Je n'avais pas tort, tantôt, en supposant que
vous ne parliez pas sérieusement. Pour votre honneur, je préfère le croire encore. Vous voulez plai-
santer et vous distraire ?...

— Pas du tout.

— Quoi !... vous compareriez le cerveau à un instrument de musique ?... Quelle idée baroque !...

— Pourquoi pas ?

— Vous l'assimilez à un orgue, à un piano, à une
flûte, à un violon ?

— Ce n'est pas sous tous les rapports évidemment.
Une comparaison cloche toujours quelque peu, nous
le savons. Mais si elle est juste en un certain sens,
elle peut servir à saisir la vérité, en dévoilant des
aperçus auxquels on ne songeait pas tout d'abord.

— Et en quoi votre comparaison est-elle juste ?

— Il n'est pas difficile de le deviner. Y a-t-il une
musique plus douce, plus suave, plus séduisante,
plus entraînante, plus variée, plus riche en nuances
de tout genre ; en un mot, plus expressive que la
parole humaine ?

Mais la parole n'est-elle pas le vêtement de la
pensée ? Or, ici, vous le savez, ce n'est pas le vête-

ment qui embellit l'objet; de l'objet lui-même pro-
vient toute la beauté du vêtement.

La parole est belle par la pensée, et non par la
répétition plus ou moins fréquente et rapprochée de
syllabes ou de sons quelconques, des *a*, des *o*, des *é*,
des *i*, ou des *u*.

Un style ronflant à mots sonores, mais creux et
vides de pensées, est un style insupportable. C'est
le grondement de la grosse caisse, ou l'éclat désa-
gréable des cymbales d'airain.

Du bruit, et voilà tout ; on en est vite fatigué.

Au contraire, des pensées sublimes et touchantes,
même sous des expressions incorrectes, frappent vivement, excitent l'enthousiasme, provoquent les
larmes, et ravissent le cœur.

La parole est aussi le véhicule de la pensée : elle
nous révèle les secrets d'une âme, comme les ondulations aériennes nous transmettent les émotions de
l'artiste, dont les doigts agiles parcourent le clavier.

Qu'importe à l'oreille si l'air est plus ou moins
lourd, plus ou moins frais, plus ou moins chaud? Il
n'en reste pas moins l'interprète des sentiments de
l'artiste, et il nous les communique avec la même
fidélité.

— Soit! si vous le voulez ainsi! En ce sens, le
cerveau produisant la pensée est donc une boîte à
musique?

— Le terme paraît dédaigneux; mais, passons! je
l'accepte. Je ne chicanerai pas pour un mot... Eh
bien! dites-moi ; une boîte à musique, grande ou
petite, médiocre ou perfectionnée, a-t-elle pu se
construire elle-même? Est-elle capable de jouer
toute seule, du moins plusieurs fois de suite, si de
temps en temps on ne vient la remonter?

— Non, certes; mais pour le cerveau il n'en est pas ainsi. Le cas est bien différent.

— Ah! et pourquoi donc, s'il vous plaît?...

— En voici la raison.

II.

Les suprêmes lois.

Le cerveau, comme tous les organes de la vie végétale ou animale, s'est transformé peu à peu, depuis la simple cellule élémentaire, jusqu'à l'état présent. Ce phénomène est dû à l'influence souveraine de l'universelle loi de l'évolution des êtres et de leur perfectionnement successif par la *sélection naturelle* et *l'adaptation* des individus au milieu ambiant.

— Tout cela paraît bien compliqué et bien obscur.

— C'est néanmoins exact.

— Permettez-moi d'en douter encore. Cette suprême loi de l'évolution des êtres existe-t-elle? Le fait du progrès continu par la sélection naturelle est-il bien constaté? Cette adaptation des individus au milieu ambiant n'est-elle pas fort restreinte?

— Nous la croyons sans limite.

— Dans les affaires de ce genre, les convictions personnelles de chacun importent peu. Ce ne sont pas des preuves, ni des arguments acceptables. A la Science expérimentale et positive, il faut des faits dûment observés.

On les examinera, on les commentera, on les expliquera, on en tirera toutes les conséquences possibles; mais, ces faits, on ne peut ni les inventer, ni les supposer, ni promettre qu'un jour ils se manifesteront d'eux-mêmes.

Ce serait s'appuyer sur une base branlante, et raisonner sur l'inconnu.

Les matérialistes n'admettent ni l'existence des prophéties, ni leur possibilité, ni leur force demonstrative en faveur de la Religion. Feraient-ils exception pour leur propre système?

Qui donc a jamais saisi sur le fait une espèce animale se métamorphosant en une autre? A-t-on jamais trouvé l'être intermédiaire entre les deux types extrêmes? Si on l'avait rencontré quelque part, on se serait empressé de l'exposer au grand jour.

L'adaptation des individus au milieu ambiant a des limites infranchissables.

Certains organes s'atrophieront ou se développeront selon les circonstances; ces modifications se transmettront ensuite plus ou moins par la génération; nous ne le nions pas. Néanmoins, que, de ce chef, les espèces en arrivent à changer complètement et à devenir méconnaissables, ce n'est pas encore prouvé.

Il en résulte seulement chez les individus des variétés ou des races; mais elles retournent bientôt au type primitif, dès qu'elles échappent à l'action des causes modificatrices.

Par la sélection naturelle l'organisme s'améliorerait, dit-on, parce que les parties moins bien constituées seraient destinées à être absorbées, sous l'envahissement des plus parfaites.

Cependant, à la suite d'observations mille fois répétées, on voit se réaliser le contraire, soit pour les organes, soit pour les individus.

La loi de la sélection naturelle, en effet, est un corollaire de celle de la lutte pour la vie. Il arriverait entre organes ce qui se produit entre individus spécifiquement distincts.

Dans le *struggle for life*, les forts l'emportent sur

les faibles, ceux-ci devraient disparaître de la scène du monde, et laisser la place à leurs redoutables adversaires, car, selon l'adage, les gros mangent les petits.

Très souvent ce dicton populaire est juste ; quelquefois pourtant il ne se vérifie pas. C'est le cas ici, car les petits ont résisté plus que les gros. Ils leur survivent encore, et ont pris, bien des fois, de terribles revanches.

Interrogeons les entrailles du globe, pour découvrir les secrets du passé, comme les anciens sacrificateurs interrogeaient les entrailles des victimes pour percer les ténèbres de l'avenir.

Nous constaterons, par les débris fossiles, que les espèces animales à jamais éteintes sont précisément celles dont les représentants étaient le plus gigantesques et le mieux armés pour la concurrence vitale, soit pour l'attaque, soit pour la défense.

Ce sont, entre autres, celles des monstres antédiluviens dont le nom à lui seul est déjà un épouvantail : les mastodontes, les mégathériums, les mégalosaures, les plésiosaures, les cheirothériums, etc.

Les espèces sorties indemnes des périodes géologiques, et assez résistantes pour avoir traversé une série indéterminée de siècles sans rien perdre de leur vitalité, sont au contraire celles envers lesquelles la Nature semblait avoir été le moins généreuse, en leur refusant, en apparence, tout moyen de lutter efficacement contre leurs formidables ennemis.

L'immense durée des époques tertiaire et quaternaire ne leur a été en aucune façon nuisible ; elles sont parvenues intactes jusqu'à nous, tandis que les gigantesques mammouths et autres colosses à la puissante armure semaient de leurs énormes cadavres la longue route du temps.

Par induction, il est légitime de conclure que si, par la loi de la sélection naturelle, conséquence du principe de la lutte pour la vie, certains organes doivent s'étioler dans un individu et finir par disparaître complètement, ce ne sont pas les moins parfaits.

Dans ce cas, les espèces n'évolueraient pas dans un progrès continu, mais plutôt dans une fatale dégénérescence.

Voilà une conclusion absolument rigoureuse et diamétralement opposée à celle qu'on attendait. La Science réserve parfois de ces surprises.

L'expérience quotidienne vient, d'ailleurs, corroborer ces réflexions.

Pour obtenir des produits hybrides, termes intermédiaires entre espèces définies, ne faut-il pas violenter la Nature ?

N'est-il pas démontré clairement, en outre, que les produits de ces croisements, ou bien ne vivent pas, ou bien sont stériles, ou bien donnent naissance à des êtres qui, à la suite de générations successives, se rapprochent de plus en plus des types primitifs ?

L'intelligence et la volonté humaines ne réussissent donc pas à transformer les espèces, malgré toutes sortes de précautions et de soins méticuleux. Comment admettre, alors, que les espèces se sont transformées d'elles-mêmes, puisqu'elles en sont incapables, même quand on les aide dans ce grand travail ?

Si donc les espèces sont constituées comme elles le sont ; s'il existe entre elles des barrières infranchissables ; si aucune industrie humaine ne peut les faire sortir de leurs limites respectives ; c'est qu'une force ou une intelligence supérieure les a ainsi établies dans leur propre domaine.

Le cerveau n'est donc pas le résultat de l'évolution des cellules élémentaires.

Donc, s'il est l'instrument ou l'organe de la pensée, il n'en est pas la cause unique.

Pour exister, il lui a fallu un facteur : c'est Dieu.

Pour agir, il lui faut un artiste : c'est l'âme qui, unie à lui substantiellement, lui communique le mouvement et la vie.

———

CHAPITRE III.

LA CONTINUITÉ DANS LE PROGRÈS INDÉFINI.

I.

Considérations générales.

Les réflexions précédentes nous ramènent, en toute logique, aux instruments de musique dont nous parlions en commençant.

L'existence des prétendues lois de la sélection naturelle et de l'adaptation illimitée des êtres aux divers milieux, non seulement est douteuse, mais, en outre, contraire à tous les faits observés.

Néanmoins, dans l'hypothèse gratuite qu'elles régiraient la matière animale et végétale, pourquoi ne s'étendraient-elles pas à la matière minérale aussi ?

Car, ou bien, dans la plante, dans l'animal, dans l'homme, il y a un principe supérieur à la matière, principe simple ou spirituel, selon le cas, mais essentiellement actif et forçant les éléments à se combiner de telle ou de telle façon, de manière à constituer tel ou tel être organisé : ce principe est ce que l'on appelle l'âme végétative, sensitive, ou intellective.

Ou bien, dans tous les êtres, il n'y a que la matière à divers degrés de perfection, et, dès lors, les lois auxquelles les plantes et les animaux obéissent, doivent évidemment s'appliquer aussi aux minéraux.

Or, pour ne pas sortir de l'exemple choisi depuis le début de cette discussion, oseriez-vous appliquer le transformisme aux instruments de musique ?

Vous reculez devant l'absurdité : cependant tous les arguments invoqués pour les espèces animales sont de mise ici. Vous les croyez probants, ailleurs ; pour-

quoi leur niez-vous toute valeur dans le cas actuel?
Jugez plutôt.

Les instruments de musique ne peuvent-ils se disposer en série indéfinie dont tous les termes s'échelonnent par degrés insensibles, depuis le simple pipeau champêtre des anciens pâtres, jusqu'aux grandes orgues de Merklin et de Cavaillé-Coll?

Là également, il y a des embranchements, des classes, des ordres, des sous-ordres, des espèces, des races, des familles, etc.

Non seulement il en est ainsi, mais dans des instruments appartenant à des familles ou à des espèces diverses, il n'est pas besoin d'être extrêmement perspicace pour apercevoir des points de ressemblance frappants et de surprenantes analogies.

Chez tous, en effet, certains détails se retrouvent, à peu près les mêmes, comme certains organes dans la généralité des plantes et des animaux.

Cela montre, dites-vous, non pas que les instruments sont issus les uns des autres, mais que le facteur, en les construisant, avait présentes à la pensée certaines lois naturelles, auxquelles il a cru convenable ou nécessaire de se conformer.

Vous avez raison, j'en conviens; mais je prends votre réponse même et je l'oppose à vos objections.

Les ressemblances, plus ou moins accusées entre les diverses espèces animales n'indiquent pas que celles-ci proviennent les unes des autres par voie d'évolution et de transformations successives; elles dévoilent seulement l'unité de plan, suivant lequel elles ont été conçues par l'auteur de la Nature.

Renfermées dans des lignes d'ensemble, elles ramènent à l'unité les éléments innombrables de l'Univers, et sont la source d'une sublime harmonie dans l'œuvre admirable du Créateur.

La loi de l'adaptation des êtres aux divers milieux a également ici son application.

Un instrument de musique ne s'adapte-t-il pas, plus ou moins, au milieu ambiant? N'en subit-il pas l'influence jusqu'à un certain point? Les musiciens le savent fort bien par expérience, et il ne faudrait pas se hasarder à leur soutenir le contraire.

Exposé à la chaleur, au froid, à l'humidité, un instrument se détériore.

Quelquefois même, il est tellement sensible, comme la flûte, par exemple, que les sons s'altèrent dans la même soirée, par la simple élévation de température causée par les becs de gaz, par un nombre trop considérable d'auditeurs, ou seulement par l'haleine de l'exécutant.

On est obligé, à l'aide d'une pompe à coulisse, d'allonger le tuyau, pour abaisser le ton à mesure que l'instrument s'échauffe : mais, alors, aussi, les notes perdent de leur justesse.

Les pianos et les orgues, personne ne l'ignore, doivent très souvent être accordés à nouveau. Et que dire des violons?...

En tirera-t-on la conclusion ridicule que, par l'effet des climats, de la température et du milieu, une flûte deviendra flageolet, ou une clarinette se transformera en cor de chasse?

Et la loi de la sélection naturelle!...

Parmi les instruments de musique, les plus puissants par leur masse et leurs autres qualités ne paraissent-ils pas devoir finalement l'emporter sur les petits?

Néanmoins ceux-ci se maintiennent dans leurs positions premières. Même, ils se multiplient et se répandent beaucoup plus que les gros : exactement comme il arrive pour les espèces végétales ou anmales dont les individus sont d'autant plus féconds qu'ils semblent plus faibles.

Et la grande, la divine, la suprême loi de l'évolution d'après laquelle le plus vient du moins, et l'être du néant, sans cause agissante, voulez-vous la voir en œuvre dans la Musique ?

Ce sera un peu amusant et comique, mais pourtant instructif.

II.

Lyres et violons.

Voici comment parlerait un transformiste, s'il était conséquent avec lui-même, et consentait à déduire de ses principes toutes les conclusions qui s'y trouvent virtuellement contenues.

A propos du violon, par exemple, il dirait :

« La Paléontologie musicale nous enseigne que les êtres de ce genre sont d'origine orientale. Depuis un temps immémorial, ont existé dans ces contrées des luths, des lyres, des harpes et des appareils ayant des analogies évidentes avec nos guitares, nos mandolines et nos autres instruments à cordes.

Leurs débris fossiles ont été découverts naguère, non pas précisément dans les entrailles du globe, mais sous des monceaux de décombres soixante fois séculaires, sur l'emplacement des anciennes capitales et dans les ruines de leurs palais.

De grossières esquisses, informes ébauches dues aux hommes de l'âge de pierre, reproduites ensuite dans les mosaïques et les hiéroglyphes des temps postérieurs, nous en ont transmis le dessin général.

Après un examen attentif de ces spécimens vénérables par leur haute antiquité, on a remarqué, malgré des divergences très sensibles, œuvre des causes modificatrices, des points de contact nombreux.

L'identité de structure dans les grandes lignes s'accentue davantage, à mesure que l'on dispose les types dans un ordre rationnel.

On voit dans une claire évidence, comment, par l'effet de circonstances multiples, d'après le milieu ambiant, selon les climats, etc., telle ou telle partie de l'instrument se développe aux dépens de telle autre qui s'atrophie et tend à disparaître.

La contexture extérieure en est presque bouleversée. On inclinerait à distribuer en diverses espèces des êtres, qui, au fond, dérivent de la même souche.

Heureusement l'Anatomie comparée redresse les idées faussées par les apparences. Elle aide à saisir le caractère fondamental des individus, en mettant en plein jour les lignes d'ensemble, parfois si dissimulées sous les détails et cachées sous des particularités absolument secondaires.

L'observation révèle alors des analogies indéniables.

A moins de fermer volontairement les yeux à la lumière resplendissante de la Science contemporaine, il faut admettre comme une incontestable vérité que tous ces êtres, si différents à première vue, se ramènent au même type.

Membres d'une même famille, ils sont donc issus des mêmes ancêtres, et viennent les uns des autres, par suite de transformations lentes, mais continues, qui leur ont fait parcourir les phases innombrables d'une évolution ininterrompue dans le progrès.

Tels sont les enseignements de la Préhistoire. »

Que répondre à de tels arguments ?

Direz-vous que vous êtes arrivé à une conclusion diamétralement opposée par des arguments d'un autre ordre, basés, non sur l'examen des formes, de leurs différences et de leurs similitudes, mais sur le témoignage positif d'hommes ayant vécu avant vous?

D'après ces témoignages, on connaîtrait les auteurs de ces modifications et les inventeurs de tous les perfectionnements apportés peu à peu.

Si l'Orient a eu les premiers essais du violon, à l'Occident toutefois appartient l'idée heureuse de disposer les cordes sur une ligne légèrement courbe, à l'aide du chevalet, afin de les faire résonner successivement ou simultanément avec un archet de crins.

Dans le courant du moyen âge, au XIII siècle, les instruments de cette espèce s'étaient déjà répandus beaucoup en Occident, et se construisaient, dès lors, de diverses manières. Les uns avaient deux cordes seulement; mais d'autres en avaient cinq; plus tard, quelques-uns en eurent sept, douze et jusqu'à quinze.

Les dimensions changeaient proportionnellement. Les violons étaient gros ou petits, médiocres ou énormes, comme nos violoncelles ou nos contrebasses actuelles. Par suite, les uns se plaçaient sur les genoux, d'autres sur un pied; d'autres exigeaient que l'exécutant fût debout.

D'ailleurs, les vrais violons auraient pris naissance seulement vers la fin du XV⁰ siècle. Ils furent fabriqués en France, comme il appert par l'expression dont les compositeurs de musique italiens se servaient alors pour les désigner : *piccoli violini alla francese.*

Au commencement du XVIII⁰ siècle seulement, la contrebasse fut introduite à l'Opéra.

Direz-vous tout cela et plus encore? affirmerez-

vous que tels sont les enseignements de l'Histoire,
et qu'il faut tenir compte de son témoignage, parce
qu'il n'y a aucune raison de le récuser ou de le
mettre en doute?

Le transformiste vous répondra en haussant les
épaules :

« Tout cela m'importe peu, à moi ; je ne m'occupe
pas d'Histoire, mais de Préhistoire. Je ne recueille
pas les assertions fantaisistes d'hommes qui peuvent
se tromper et me tromper. Je veux des témoins
incorruptibles ; et ces témoins, ce sont les violons eux-
mêmes !...

La Paléontologie les a tirés de leurs sépulcres cent
fois séculaires ; elle a interrogé ces morts, et ces
morts ont parlé !..., »

Oh ! heureux homme d'entendre ainsi le langage
des morts! Oui, ils ont parlé et vous pouvez les
croire. Continuez à prêter l'oreille à leur voix
d'outre-tombe.

S'ils dormaient, leur témoignage n'aurait aucune
valeur, *testes dormientes !...* mais ils sont morts :
quoi de plus véridique, de plus inattaquable, de
plus sacré ?...

III.

Flûtes anciennes et nouvelles.

Et la flûte, doit-elle aussi son état présent à la loi
de la sélection naturelle, ou à celle de l'adaptation
des êtres aux milieux ?

Elle est contemporaine du luth et de la lyre. Son
origine se perd dans la nuit des temps, comme celle
du légendaire bathybius.

Les plus anciens peuples en firent leurs délices.
Les dessins de sa forme primitive nous ont été con-

servés dans les peintures des vieux monuments de l'Égypte, de la Chine et des Indes.

Les obélisques, les stèles, les mosaïques, les silex informes à peine taillés, sont des documents précieux pour l'Archéologie, la Paléontologie et toutes les branches de la Science humaine ayant des rapports avec la Préhistoire.

Au cours des périodes moins éloignées, à l'époque des Grecs ou des Romains, nous l'apprenons par d'autres spécimens des âges postérieurs, il y avait déjà trois sortes de flûtes.

L'une avait cinq ou six tuyaux d'inégale longueur. Les mythologues gréco-romains l'appelaient la *flûte de Pan*, et en attribuaient l'invention à ce dieu des bergers. Erreur profonde ! fruit naturel de l'ignorance et de la superstition !...

Ces peuples n'avaient pas de géologues et ne connaissaient pas la Paléontologie : ils n'avaient jamais étudié les fossiles, et, sur ce point, n'étaient pas supérieurs à leurs ancêtres de l'âge de pierre.

Que pouvaient-ils savoir de la Nature, eux qui ne soupçonnaient même pas la grande, la divine, la suprême loi de l'évolution ?

Outre la flûte de Pan, il en existait une autre assez semblable à notre flageolet : c'était la *flûte droite*, αὐλός, *tibia*.

Douée d'une vitalité plus vigoureuse, celle-ci ne tarda point à se dédoubler, comme se partagent encore sous nos yeux armés du microscope les cellules élémentaires du protoplasma. Ce fait surprenant nous est attesté par les débris ou les dessins qui nous restent.

Elle consistait donc en deux tuyaux, tantôt fixés à la même embouchure, comme deux branches sur un même tronc, tantôt ayant chacun la sienne, mais destinée au même individu.

Au moyen des fossiles la Science a réussi à reconstituer entièrement dans sa forme primitive ce curieux appareil.

Ces flûtes doubles, ou *tibiæ pares*, ont donné lieu entre géologues à une discussion très vive : elle menace même de se perpétuer indéfiniment, aucun des champions ne voulant se rendre aux arguments de ses adversaires.

D'après les uns, elles sont la preuve que les anciens ont cultivé l'harmonie. Dans cette hypothèse, les *tibiæ pares* auraient servi à exécuter de véritables duos, un tuyau faisant le chant mélodique, et l'autre l'accompagnement.

Selon d'autres, cette preuve ne serait pas suffisante pour établir que l'évolution musicale de l'esprit humain fut, alors, à ce point avancée.

Les flûtes anciennes, en effet, ressemblaient pour la plupart à nos modernes galoubets ne donnant que trois ou quatre notes. Les *tibiæ pares* étaient donc employées successivement peut-être.

D'ailleurs, les musiciens de ces temps reculés n'avaient-ils pas besoin de flûtes différentes pour interpréter les morceaux des divers modes : dorien, phrygien et lydien ?

La lumière n'est donc pas près de luire sur cette question d'un si passionnant intérêt.

Vers le III° siècle avant Jésus-Christ seulement, un certain Pronomus imagina des corps de rechange, ou tubes d'allonge de longueurs inégales. Dès lors, il devenait possible à la même flûte de s'adapter à tous les tons et à tous les modes.

Il est donc plus naturel de croire avec beaucoup de géologues, que les deux tuyaux, quoique employés

par le même artiste, ne résonnaient pas simultanément. Ils se complétaient l'un l'autre, chacun d'eux
n'étant capable de produire qu'un nombre très res-
treint de notes.

Néanmoins, sur ce sujet, les avis sont partagés,
comme nous l'avons indiqué déjà, l'Archéologie et
la Paléontologie n'ayant pas dit leur dernier mot.

Comment trancher le litige? Les débris fossiles
trouvés dans les ruines de Pompéi, ou sous les décombres de Thèbes aux cent portes, ne se prêtent-
ils pas à ces diverses conjectures?

Ces vénérables restes d'un passé à jamais disparu
nous placent bien sous les yeux l'image de la flûte
double; malheureusement, le phonographe n'ayant
pas encore été inventé à cette époque, il sera toujours malaisé de déterminer si ces deux tuyaux
jouaient ensemble ou séparément.

Les espèces dont nous venons de parler avaient
une multitude de variétés, distinguées entre elles
par des nuances imperceptibles : il y en avait plus
de deux cents, selon les érudits.

Quelle preuve d'une force irrésistible pour dé-
montrer que la flûte est devenue ce qu'elle est, par
suite d'une évolution naturelle!

Le transformisme, pour les espèces animales, re-
pose sur des arguments de cette valeur : ils sont
aussi probants dans un cas que dans l'autre.

Dans les temps modernes, la flûte s'est développée
et modifiée beaucoup. Comment en aurait-il été autrement, vu la loi de l'évolution naturelle dans le
progrès indéfini?

Voici son arbre généalogique.

Parmi les innombrables espèces répandues chez
les Grecs, il y en avait une à tuyau unique : on
s'en servait en la tenant, non pas normalement de-

vant soi, comme notre clarinette ou notre flageolet,
mais un peu en oblique, ou de travers ; de là son
nom πλαγίαυλος, c'est-à-dire flûte oblique.

C'était la privilégiée destinée à survivre à toutes
les révolutions sociales et géologiques de l'Histoire
et de la Préhistoire.

Tandis que les autres ne sont guère connues que
par leurs débris fossiles, celle-là n'a pas cessé de
se pavaner et de se faire entendre durant les siècles.

Au moyen âge, vers 1200, on l'appelait, comme
aujourd'hui, la *flûte traversière*, et quelquefois aussi la *flûte allemande*, parce qu'elle avait élu d'abord
domicile principalement chez les Germains ; de là
elle rayonna sur le reste de l'Europe.

Elle n'en doit pas moins à un allemand ses perfectionnements les plus récents et les plus considérables, quoique très discutés.

Son échelle de sons embrassait déjà trois octaves
pleines ; mais plusieurs de ses notes manquaient
de justesse, étant ou trop hautes ou trop basses,
quel qu'en fût le doigté.

En outre, le timbre n'était pas égal. Les notes
moyennes et celles des degrés supérieurs ne pa-
raissaient donc pas appartenir au même instrument.
Ces dernières, trop aiguës et difficiles à mainte-
nir, étaient fatigantes pour l'exécutant et désagréables pour l'auditeur.

Ces nombreux défauts provenaient, dit-on, de la
forme conique de son tube intérieur, dont le sommet, ou tête, avait en diamètre un demi-centimètre
de plus que l'autre bout de l'instrument.

La sélection naturelle et l'adaptation au milieu
n'ayant pas suffi à corriger ces imperfections, plusieurs facteurs, animés d'un beau zèle, prirent

l'affaire en main, et essayèrent de venir en aide à la Nature paresseuse.

Leurs efforts ne furent pas, de longtemps, couronnés de succès.

Il était réservé à un allemand, Théobald Boehm, flûtiste de la chapelle du roi de Bavière, de résoudre la difficulté avec un peu plus de bonheur.

D'abord, on fut très enthousiaste de son invention ; puis, peu après, on se refroidit à son égard, et le remède parut bientôt pire que le mal.

Ce mal étant profond réclamait un traitement énergique, peut-être même une opération chirurgicale des plus graves ; Boehm avait trop de flair pour ne pas le comprendre.

Non seulement il modifia la flûte, mais il n'hésita pas à la bouleverser de fond en comble. Des pieds il fit la tête, et de la tête les pieds. En d'autres termes, la flûte Boehm fut exactement l'ancienne renversée.

Jugez ce qu'il en adviendrait, si les évolutionnistes, croyant à ce point la Nature répréhensible, s'imaginaient de reconstituer les espèces animales d'après ces principes subversifs.

L'affaire souffrirait bien quelques difficultés en pratique, et les éléphants, les rhinocéros, ou les simples lapins se prêteraient moins à l'expérience que l'antique flûte traversière des Allemands et des Grecs, leurs prédécesseurs. Mais n'insistons pas.

Dans la flûte de Boehm, la tête, autrefois cylindrique, est devenue conique ; le reste de l'instrument, le tronc et les parties inférieures, ont subi une retouche analogue.

De plus, elle a été percée de quatorze trous, tous fermés presque hermétiquement par des clefs et beaucoup plus grands que dans le vieux système.

La constitution intime elle-même est profondément changée : le bois a fait place au métal, argent ou cuivre.

Nous l'avons dit, ce nouvel instrument fut d'abord très admiré ; puis (*sic transit gloria mundi,*) sa réputation baissa, et il se vit entouré d'une défaveur croissante.

Tous les professeurs s'étaient empressés de travailler cette flûte avec ardeur et de se familiariser avec elle, afin d'en tirer tous les avantages possibles.

On ne parlait que de son mérite ; on la mettait au-dessus de la lyre d'Apollon lui-même : l'engouement était tel, et les éloges si chaleureux, qu'il eût été imprudent de s'inscrire en faux.

Plusieurs cependant trouvèrent cet enthousiasme très exagéré, et ils eurent le courage de le dire. On fut stupéfait, abasourdi, ahuri de leur audace ; puis, on s'habitua à les entendre formuler leurs critiques sévères. Elles impressionnèrent le public.

Le bon ton fut alors d'être et de paraître impartial, comme peu auparavant la mode avait commandé de se pâmer d'admiration.

Enfin, le parti des opposants grandit à tel point, et livra de si rudes assauts, que la flûte de Boehm expia par la froideur, ou le mépris, dont elle fut l'objet, les hommages multipliés qui avaient naguère flatté son orgueil.

On lui adressa des reproches très graves dont elle eut une peine extrême à se justifier. On l'accusait, entre autres vices, d'avoir un doigté trop compliqué et fort incommode.

Comme si cela n'eût pas suffi, on trouva qu'elle altérait le son propre à la flûte. C'était là une scélératesse impardonnable évidemment !...

A force de persévérance, d'habileté et d'artifices,

les dilettanti de bonne volonté auraient probablement réussi à triompher des obstacles apportés par le doigté; mais l'altération des sons !... Y songez-vous ?... Quelle trahison infâme !...

Pourquoi se serait-on condamné à un travail de Romains pour un semblable résultat? Ce n'était même plus raisonnable.

Boehm avait commis le crime des crimes. Sous prétexte de perfectionner la flûte, il l'avait détruite. Ici, comme ailleurs, l'art avait gâté la nature.

Bientôt on avait fait cette triste et lamentable découverte !... Le son de la flûte Boehm était trop maigre; il manquait de suavité dans les notes élevées et de rondeur dans les notes moyennes.

Ayant perdu son moelleux dans les *piano* et sa vibrante énergie dans les *crescendo* ou les *forte*, elle ne savait plus

«..... d'une voix légère
« Passer du grave au doux, du plaisant au sévère. »

En un mot, pour tout dire, elle se rapprochait trop du hautbois.

C'était là le grand, l'impardonnable défaut.

Dès qu'on l'eût dûment constaté, on fut inflexible : elle fut excommuniée; on la rejeta de France, de Navarre et d'Angleterre ; le verdict était sans appel.

Pour la richesse d'un orchestre, pour la beauté ou la variété des concerts, chaque instrument doit conserver la qualité de son qui lui est particulière. Cette différence de timbres constitue l'un des principaux charmes de la Musique.

Aussi à propos des innovations de Boehm, les Conservatoires nationaux s'émurent-ils profondément.

Le célèbre Tulou, dont l'habileté extraordinaire communiquait à la flûte des inflexions et des nuances dignes de rivaliser avec la souplesse de la voix humaine, ne fut pas l'un des moins violents à protester.

Approuvé en cela par ses illustres confrères et collègues du Conservatoire : Aubert, Halévy, Ad. Adam, etc., etc., il écrivait à ce sujet, il y a une trentaine d'années environ :

« Si le bon goût et l'impartialité des artistes n'avaient pas fait justice de tant de réclames exagérées, la flûte était compromise pour longtemps ! »

Pensez donc !... C'eût été un épouvantable malheur. Juste ciel !...

Heureusement les dieux veillaient.

Du haut du Parnasse, Apollon et les Muses ne permiront pas un pareil cataclysme ?... Enfin !... il fut évité ; mais le péril avait été grand. Le Pinde en avait frémi sur sa base, et la terre en tremble encore.

IV.

La famille du hautbois.

Ce fameux hautbois dont le voisinage a tant effrayé les flûtistes, et dont ceux-ci ne voulaient à aucun prix, semble pourtant moins ancien, et, dès lors, beaucoup moins vénérable que la malheureuse flûte dont il faillit consommer la perte.

Il est le type des instruments à anche actuellement en usage.

De lui dérivent le cor anglais, la clarinette et le basson. Chronologiquement il a précédé tous les membres de cette intéressante famille.

A la fin du XVIᵉ siècle, les ménétriers en tiraient déjà parti. Néanmoins, à cette époque, il n'avait pas grand mérite. Dépourvu de clefs, et percé de huit trous seulement, il ne produisait encore que des sons rauques et durs.

Cet état misérable dura pour lui plus de cent ans.

Longtemps après, on songea à le munir de clefs, et on s'occupa de le perfectionner un peu.

Maintenant, il a à peu près la longueur de la flûte, c'est-à-dire 60 centimètres environ ; construit ordinairement en grenadille, il est plus large au bas qu'au sommet, et son anche consiste en deux languettes de roseau.

Les trous augmentent de grandeur à mesure qu'ils se rapprochent de l'extrémité inférieure, appelée *patte* ou *pavillon*. Ils servent à l'émission des sons de la gamme diatonique ; les dièses et les bémols s'obtiennent par l'emploi des clefs, au nombre de douze ou quatorze.

Nonobstant les récriminations des flûtistes, le hautbois est un instrument précieux, soit pour les effets d'orchestre, soit pour les solos.

Son chant d'une incomparable suavité est susceptible d'acquérir une merveilleuse expression. Cette douceur ne l'empêche pas, malgré ses dimensions restreintes, de dominer, parfois, la masse des autres instruments.

Malheureusement il présente à l'exécutant des difficultés réelles. On ne peut arriver à le jouer convenablement sans de patientes études et de persévérants efforts.

De lui naquit le *cor anglais*, connu autrefois sous le nom de *hautbois de chasse*, car il accompagnait à l'unisson le cor et les trompettes dans les chasses royales.

Un peu plus grand que le hautbois ordinaire, dont

il est le contralto, il donne, vu sa longueur, la quinte au-dessous. Le son a un caractère plaintif.

Depuis un siècle cet instrument s'est recourbé et s'est enrichi de clefs ; son jeu, est par suite, devenu plus facile.

L'apparition de la clarinette, sœur ou fille du hautbois, date seulement de la fin du XVII° siècle. Sa taille est celle du hautbois, mais elle est beaucoup plus large.

Son anche, à la différence du même organe dans les membres de cette famille, n'a qu'une seule languette vibrante, fixée à son bec.

Les orchestres français ne lui ont pas accordé droit de cité avant le milieu du XVIII° siècle ; mais, depuis, elle a compensé le temps perdu, s'est prodigieusement multipliée, et a pris racine un peu partout.

Elle a sa place marquée dans la musique militaire, comme dans celle de théâtre et de salon. Tantôt elle exécute le chant ; tantôt elle accompagne par des arpèges d'un brillant effet.

Pourtant, elle n'est pas sans défaut. Qui n'en a pas en ce monde, direz-vous ? C'est vrai, mais ceux de la clarinette sont malheureusement assez graves.

Assez souvent elle manque de justesse. On a essayé de remédier à cet inconvénient par l'emploi des clefs, dont le nombre va de sept à quatorze. Mais la mutine s'obstine : elle refuse d'une part, ce que, de l'autre, on la force à donner. Si par cet artifice on a rendu ses notes plus justes, la sonorité y a sensiblement perdu.

Puis, défaut de notoriété publique, elle *quintoie*. De ce chef, elle pousse trop souvent de ces soupirs désagréables appelés *couacs*, parce qu'ils ressemblent à s'y méprendre au cri de l'oie.

Cet animal est très apprécié des gourmets, car sa

chair succulente lui vaut de trôner sur les tables princières à côté des faisans dorés; mais il est moins estimé des musiciens qui lui ont, jusqu'à présent, refusé le droit d'entrer dans les orchestres comme membre actif.

Ces défauts par leur gravité ont nui terriblement à la bonne réputation de la clarinette. Aussi pour les éliminer a-t-on songé sérieusement à la reconstruire sur une nouvelle base; mais les essais infructueux de Boehm sur la flûte ont jusqu'ici découragé les inventeurs.

Et cependant cette réforme s'impose, même si l'on se pose à un autre point de vue.

Les difficultés de doigté sont quelquefois si considérables que l'on ne peut jouer dans tous les tons avec le même instrument. S'il y a beaucoup de bémols, ou beaucoup de dièses, les plus habiles se heurtent à des obstacles qui les font reculer d'épouvante.

Pour éviter les notes dont le doigté est par trop malaisé, on a préféré adapter à l'instrument des tubes d'allonge qui modifient tous les tons, à la fois, en les baissant tous uniformément.

De cette manière l'artiste en donnant, par exemple, l'*ut* de son instrument, fait, en réalité, entendre le *si* bémol ou le *la* du diapason.

C'est un moyen commode d'enlever de l'armature d'un morceau de musique, les séries de dièses ou de bémols dont elle est surchargée. De là les termes de clarinettes en *ut*, en *si* bémol, en *la*, en *mi* bémol, en *fa*, etc.

Celle qui sonne une quinte plus bas que la clarinette en *ut*, est très grande, et on l'appelle d'un autre nom : c'est le *cor* de bassette. Il y a aussi la clarinette basse et la clarinette alto.

Comme toutes ces espèces d'instruments, appartenant si visiblement à la même famille, et ne différant entre elles que par des détails et des degrés presque insensibles, seraient pour les transformistes un argument précieux dans leur thèse de l'évolution des espèces.

Quant au basson, il date de la fin du XVIᵉ siècle. Les Italiens l'ont bizarrement appelé *fagot*, parce qu'il se compose de plusieurs pièces de bois ajustées. L'une se détache du milieu de l'instrument comme une branche du tronc, se continue par un tube recourbé, et porte à son extrémité l'embouchure formée d'une anche à double languette.

Dans la famille des instruments à anche, il occupe le même rang que le violoncelle dans la lignée des violons.

Son rôle n'est donc pas dans les solos, si ce n'est rarement; mais dans les orchestres, il est d'une grande ressource au compositeur pour lier les parties. Comme le cor anglais, il a un son tendre et plaintif.

Un de ses frères, mais plus grand, à quinze clefs et en cuivre, donne l'octave au-dessous : il s'appelle pour cela le contre-basson.

V.

Cors et Cornets.

Disons maintenant quelques mots du cor.

Dans son évolution vers le progrès, il a été beaucoup plus lent que la flûte et le violon.

Jusque vers le XVIIᵉ siècle de notre ère, il est resté simple corne, comme celui des anciens.

Après seize cents ans de croissance, depuis le règne de l'empereur Auguste, cette corne s'allongea telle-

ment qu'elle acheva un tour complet sur elle-même :
c'était vers 1680, en France, il y a deux cents ans à
peine.

Mais elle ne s'arrêta pas là. Continuant sans cesse
à grandir, elle fit sur elle-même un second tour;
puis, un troisième, surtout après avoir été trans-
plantée en Allemagne, terre éminemment propice
aux cultures de ce genre.

Sous cette forme, ayant repassé le Rhin, elle s'introduisit à l'Opéra, vers 1757. En même temps, par
l'action des siècles écoulés, sa matière s'était pétri-
fiée, ou mieux minéralisée. Corne de bœuf autrefois,
elle s'était transformée en corne de cuivre ou de
bronze.

Malgré son triple repli sur lui-même, le cor se
ressentait toujours de la misère de son origine, et
ne réussissait pas à donner toutes les notes de la
gamme.

Dans le but d'augmenter un peu les ressources de
ce pauvre instrument, non seulement biscornu, mais
tricornu (si l'on peut ainsi dire,) un allemand nommé
Hampl eut l'idée de fermer ou d'ouvrir graduelle-
ment l'orifice inférieur de l'appareil, en y enfonçant
plus ou moins la main et le bras, suivant le besoin.

Aurait-on jamais supposé que par ce moyen bizarre
on étendrait l'échelle de sa voix? Il en fut ainsi
cependant.

Cette idée parut géniale : elle fut adoptée d'enthousiasme, et l'on appela *sons bouchés* les nouvelles
notes ainsi obtenues par un artifice si simple que
plus simple ne peut être.

Ces notes (qui l'eût cru?) ont un timbre doux et
mélancolique, plein de charme.

Malheureusement elles sont trop faibles : cela va
de soi, puisqu'elles sont bouchées; elles disparaissent

noyées dans les ondulations plus sonores des autres
Instruments, surtout pendant les grands effets d'orchestre.

Même ainsi modifié, le cor était néanmoins encore
trop imparfait, vu ses lacunes : il ne jouait que dans
un seul ton déterminé par ses dimensions respectives.

Par une longue série de mutations insensibles il
s'est métamorphosé en cornet à pistons, après s'être
constitué de nouveaux organes avec coulisses, char-
nières, ressorts à boudin, tubes d'allonge ou de
rechange, etc., etc.

Parmi ceux dont la sollicitude à cet égard est
venue aider la Nature, les Allemands se sont dis-
tingués. Au nombre des plus méritants de la science
transformiste en matière musicale, il convient de
nommer Haltenhoff et Stœlzel ; puis, tout récemment,
les frères Sax.

Ceux-ci, par la combinaison de divers éléments
quelque peu disparates, ont produit une nouvelle
espèce : celle des saxophones. Ce sont des instruments de premier ordre, à cause de la beauté de leur
son, doux, fort et flexible.

Des qualités aussi précieuses leur permettent de
se prêter merveilleusement aux nombreuses exi-
gences de la Musique moderne.

Par ailleurs, ils ne laissent pas d'être très curieux.
De la famille du cor par leurs membres et leur poi-
trine, il sont, par la tête, de la famille de la clarinette, dont ils ont l'embouchure et le bec.

Hybrides et métis, ils sont pourtant plus viables
que les essais analogues tentés jusqu'à présent sur
les espèces animales.

VI.

Les ancêtres du piano.

Le piano, lui aussi, a eu son évolution.

C'est un nouveau venu dans le monde; il n'a pas plus d'un siècle d'existence, quoique répandu presque partout maintenant. Mais de nombreux ancêtres l'ont précédé, et, par voie de sélection naturelle, il a réuni en lui leurs perfections diverses.

Le plus ancien de ses aïeux est le *clavicorde*.

C'était une simple boîte renfermant une table d'harmonie au-dessus de laquelle étaient tendues des cordes de longueurs inégales.

On les faisait vibrer, au moyen d'un clavier, dont les touches mettaient en mouvement de petites lames de cuivre qui venaient frapper les cordes.

Malheureusement elles y restaient adhérentes aussi longtemps que les doigts se tenaient sur les touches : elles arrêtaient donc les vibrations après les avoir engendrées.

Ce mécanisme était, par suite, très défectueux.

Tel était, au XV° siècle, cet instrument appelé aussi *manicorde*. On s'en servit pendant deux cents ans.

Pour assurer plus de vigueur aux sons réellement trop faibles et d'une maigreur extrême, on substitua aux lames de cuivre des *sautereaux*.

C'étaient de petits prismes en bois, portant à leur partie supérieure des baguettes à ressort, armées de pointes de plume, venant pincer les cordes, au lieu de les frapper.

Ces pointes ressemblant plus ou moins à des épines, l'instrument ainsi modifié s'appela *épinette*.

On avait, sans doute, réalisé un progrès; mais ce

n'était pas suffisant encore ; le son, quoique un peu augmenté, ne permettait pas encore à l'instrument de se faire entendre dans les concerts, lorsque d'autres jouaient avec lui.

A l'épinette succéda le *clavecin*. La caisse harmonique y était plus grande, et généralement triangulaire. Les cordes étaient les unes en acier, les autres en laiton, ou en boyaux.

Par le développement de cet organe, les sons furent améliorés, mais ils restèrent encore trop grêles, durs et secs.

D'ailleurs, on n'avait pas trouvé le moyen de les nuancer ; l'expression manquait donc absolument. Ils avaient tous et toujours la même intensité ; ils ne pouvaient passer du doux au fort, et réciproquement : or, la musique monotone devient bientôt insupportable.

Ces défauts étaient graves. On remédia au premier par l'emploi de marteaux, au lieu de sautereaux : les cordes vivement attaquées produisirent un son de qualité meilleure. Le second disparut aussi par l'invention des pédales et des mécanismes ingénieux dont nous avons fait plus haut la description.

De ce jour naquit le vrai piano.

Le mérite du nouvel instrument fut bientôt tellement reconnu et apprécié, qu'il se répandit partout en très peu de temps.

Des facteurs français, allemands, italiens et anglais travaillèrent à l'envi à le perfectionner.

Les principaux progrès datent du commencement de ce siècle, et ils n'ont pas cessé d'aller grandissant en proportion du nombre des demandes. On en fabrique maintenant, chaque année, pour la somme de 70 à 80 millions de francs, à Paris, à Londres, à Vienne et dans les villes les plus importantes de l'Europe.

VII.

La croissance de l'orgue.

Quelles variétés dans l'évolution des êtres! Les uns arrivent tard à leur épanouissement, et les autres bien plus tôt.

Le piano, nous l'avons dit, est presque un nouveau-né; l'orgue, au contraire, est un souvenir des anciens âges.

La flûte de Pan à sept tuyaux en est évidemment la première manifestation : cela nous ramène à la plus haute antiquité.

Deux siècles avant notre ère, il existait certainement de grandes orgues hydrauliques de dimensions déjà fort respectables.

Ctésibius eut, vers cette époque, l'idée d'employer la pression de l'eau pour mouvoir l'appareil de la soufflerie : de là leur nom d'*hydraulis* ou flûtes à eau.

Elles avaient déjà des claviers, des registres, des leviers de différentes formes, des soupapes, des faisceaux ou mieux des forêts de tuyaux, les uns en bois, les autres en métal.

Suivant une expression alors reçue, c'étaient de véritables moissons d'airain, *segetes œneæ*.

Les anciens auteurs et ceux des premiers siècles de notre ère en parlent avec admiration. Les termes dont ils se servent ne peuvent laisser aucun doute sur l'importance de ces instruments.

La description s'en trouve dans les œuvres de Pline, de Vitruve, d'Athénée, de Claudien, de l'empereur Julien, et de plusieurs Pères de l'Eglise : Tertullien, Cassiodore, etc.

Chose curieuse! Le cruel et débauché Néron

voulut joindre la réputation d'organiste à celle de
poète et de chantre qu'il ambitionnait. D'après
Suétone, il aurait aimé cet instrument jusqu'à la
passion.

D'ailleurs, dans les solennités du cirque et du
théâtre, l'orgue avait un des rôles principaux.

Pour ce motif, les chrétiens ne l'acceptèrent pas,
tout d'abord, dans leurs temples : il leur semblait
souillé par les réjouissances profanes auxquelles il
coopérait si puissamment.

Peu à peu, cependant, surtout après les persécu-
tions, l'orgue s'introduisit dans les églises, dont il
devint bientôt un ornement indispensable. Lui seul
était capable d'accompagner dignement et de soutenir les chants exécutés par les masses populaires.

Les orgues hydrauliques furent remplacées dans la
suite par les orgues pneumatiques. On ne sait pas
néanmoins à quelle époque se produisit cette modi-
fication.

Dans le milieu du VIIIe siècle, en 757, l'empereur
de Constantinople, Constantin Copronyme, fit présent
à Pépin le Bref d'un instrument de ce genre, qui, à
son arrivée en France, fut placé dans une des églises
de Complègne.

Les dimensions en étaient relativement restreintes,
car on pouvait sans trop de peine le changer de lieu.

Ce nouveau système se propagea de plus en plus ;
mais, pendant assez longtemps, jusqu'à l'époque de
Charlemagne et de ses fils, Constantinople garda le
monopole de leur construction.

Depuis lors, cet instrument a été perfectionné successivement dans toutes ses parties. On augmenta
sa puissance et ses ressources, en fortifiant le mécanisme de la soufflerie, et en le développant ; on mul-

tiplia les jeux par une combinaison plus savante des tuyaux de toute forme ; on y adapta des pédales.

En notre siècle, des succès très importants ont été obtenus, à la suite d'études profondes sur la théorie.

Autrefois, les facteurs se laissaient guider surtout par des considérations d'ordre expérimental. Ils ne connaissaient pas au juste les principes d'après lesquels ils devaient se diriger ; leur marche vers le progrès était donc très lente.

De nos jours, non seulement on a merveilleusement amélioré la qualité du son, l'intensité, la pureté et le timbre, mais aussi le mécanisme général des organes de transmission.

Les anciennes orgues étaient, en effet, très fatigantes à jouer à cause de l'effort nécessaire pour abaisser simultanément un grand nombre de soupapes donnant accès au vent dans les tuyaux.

Elles opposaient une forte résistance, car elles étaient maintenues en place par la pression de l'air arrivant de la soufflerie.

Il fallait, en outre, mettre en action toute une armée de leviers, de tringles, de vergettes très longues, d'équerres, de rouleaux, etc., correspondant aux touches du clavier et communiquant avec les soupapes fermant les ouvertures des tuyaux sonores.

C'était un véritable travail de manœuvre, analogue à celui du souffleur lui-même.

L'organiste épuisé était bientôt en nage. L'exécution devenait, ou bien impossible, ou bien d'une extrême difficulté. A moins d'accomplir des prodiges, le virtuose devait se contenter d'un jeu lourd, sans douceur, ni délicatesse.

Maintenant, au contraire, l'instrument est absolument docile sous les doigts agiles de l'artiste. Ce point est évidemment capital pour l'intérêt du musicien et des auditeurs.

Ces perfectionnements ont été réalisés grâce à l'invention des leviers pneumatiques à air comprimé. Par eux, l'obstacle est devenu un secours.

La pression de l'air, auparavant, s'opposait à l'ouverture des soupapes ; elle est, maintenant, par un ingénieux appareil, le moteur principal.

La plus éclatante victoire ne consiste pas à détruire les ennemis, mais à les transformer en serviteurs utiles. C'est ce qui a été fait.

Depuis quelque temps, on a mieux encore.

Les organes de transmission, si nombreux et si embarrassants dans les vieilles orgues, avec leur multitude de leviers, de coudes et de tringles de tout genre, ont fini par disparaître aussi, remplacés par de simples fils, destinés à porter de tous côtés le courant électrique. Instantanément la communication s'établit entre les parties les plus éloignées.

Ces fils, comme les nerfs dans le corps humain, transmettent à tous les membres et à tous les organes, grands ou petits, le mouvement, la sensation et la vie.

Malgré la grandeur majestueuse de l'orgue, le nombre des tuyaux parlant à la fois et la masse d'air mise en vibration, y eût-il quatre ou cinq claviers accouplés, l'artiste n'éprouve plus aucune peine, et ses doigts conservent leur agilité. N'est-ce pas merveilleux ?

Et ce n'est pas tout. Un autre miracle a été opéré.

Quand la tribune n'est pas assez vaste pour loger l'instrument tout entier, on le divise en fragments plus ou moins volumineux. Ceux-ci sont installés dans diverses régions de l'édifice : dans le chœur, dans les bas-côtés, dans le transept, etc.

On les relie par des fils électriques, et un seul organiste suffit à jouer, en même temps, cet instrument dont les morceaux sont ainsi éparpillés.

Les facteurs d'il y a un siècle, auraient-ils soupçonné rien de semblable?...

CONCLUSION.

Arrêtons là ce rapide exposé des transformations subies par les instruments de musique. Nous les avons vus croître par degrés insensibles, et s'élever de l'état rudimentaire à leur état présent.

Ces transformations se sont-elles accomplies toutes seules, par évolution, sélection naturelle et adaptation des êtres au milieu ambiant?

Nul n'oserait le dire, ni même le penser. L'auteur de chacune d'elles est connu. On sait ce qu'il a fallu aux inventeurs de travail, de patience, de réflexion, pour obtenir ces résultats.

Ces métamorphoses successives sont l'œuvre de la raison, de l'intelligence, du génie.

Les êtres vivants, plantes ou animaux, sont des machines autrement compliquées. Quelle multiplicité d'organes délicats!.., comme chacun d'eux est bien à sa place!.., comme ils se complètent mutuellement, et concourent tous au but de l'ensemble (1)!

Nulle industrie humaine n'a pu les construire, et l'on admettrait qu'ils se sont eux-mêmes créés!...

Nul génie ne serait capable d'introduire le moindre changement dans leur constitution intime, et l'on croirait qu'ils se sont transformés eux-mêmes, en vertu de lois hypothétiques et aveugles, dont la

---

(1) Voir notre opuscule *Vie et Matière*, dans cette collection des Nouvelles Études. (Bloud et Barral.)

vérité n'a jamais été prouvée, et que l'on voit, au contraire, violées constamment?

Pour les espèces animales et végétales, le transformisme n'est possible que, dans la supposition d'un être intelligent, distinct de la matière, et assez puissant pour combiner selon sa volonté souveraine les éléments primordiaux, les façonner d'après l'idée qu'il s'est faite, et les disposer d'après le plan général qu'il a conçu.

Avec cette restriction nous admettrions le transformisme. Il n'aurait rien d'opposé, ni à la raison, ni à la foi.

D'un même bloc de marbre, un sculpteur tire une cuvette ou une statue; avec le même métal, un facteur sait fabriquer un cornet à pistons ou un trombone à coulisses; dans le même bois, il taille, s'il le veut, une flûte ou un flageolet.

Bien plus, il transforme ces instruments, et les fait naître les uns des autres, pour ainsi dire, en se servant des débris des uns pour composer les autres.

Ainsi Dieu avec la même matière produit les êtres les plus disparates: par exemple, avec les mêmes atomes, un papillon ou un aigle, un hippopotame ou un éléphant.

Le tourbillon vital nous montre comment les dépouilles des morts servent à entretenir la vie des êtres appelés, à leur tour, au banquet de l'existence.

Mais la puissance de Dieu va incontestablement plus loin.

S'il veut que les espèces animales et végétales évoluent entre elles et se transforment, elles évolueront sous son action directrice, et se transformeront d'après les décrets de sa volonté.

Dans cette hypothèse, il n'y a rien de contradictoire en soi.

Le transformisme n'est absurde que lorsqu'on prétend y trouver la cause unique des êtres, et tout expliquer par lui en essayant de se passer de Dieu.

Au contraire, s'il est jamais constaté scientifiquement, il sera une nouvelle preuve éclatante de l'existence du Créateur.

FIN.

TABLE DES MATIERES.

www.ingramcontent.com/pod-product-compliance
Lightning Source LLC
LaVergne TN
LVHW022021080426
835513LV00009B/819